失落的歷史寶藏 之謎

the Lost secret of the Ancient Treasure

尋寶過程中，有的人仰天長歎知難而退，
有的人鍥而不捨一意孤行，有人傾家蕩產抱恨終生，
有人最後葬身異域……人們不禁要問：

是否真的有巨額的寶藏？

對於這個問題，在取得最後結果以前，任何人都無法回答。

但是，寶藏對尋寶者的誘惑卻是永恆的。

也許，人們尋找的並非寶藏，而是一個永遠無法挖掘的祕密。

i-smart

智學堂
智慧是學習的殿堂

國家圖書館出版品預行編目資料

失落的歷史寶藏之謎 /余沛星編著.
-- 初版.-- 新北市：智學堂文化,
民103.07 面；　公分. -- (神祕檔案；13)
ISBN 978-986-5819-34-7(平裝)
1.古物 2.世界地理
798　　　　　　　　103009474

神祕檔案：13

失落的歷史寶藏之謎

編　　著 ― 余沛星
出 版 者 ― 智學堂文化事業有限公司
執行編輯 ― 林美玲
美術編輯 ― 蕭佩玲
地　　址 ― 22103　新北市汐止區大同路三段一百九十四號九樓之一
　　　　　　TEL　（02）8647-3663
　　　　　　FAX　（02）8647-3660

總 經 銷 ― 永續圖書有限公司
劃撥帳號 ― 18669219
出 版 日 ― 2014年07月

法律顧問 ― 方圓法律事務所　涂成樞律師
CVS 代理 ― 美璟文化有限公司
　　　　　　TEL　（02）27239968
　　　　　　FAX　（02）27239668

the Lost secret of the Ancient Treasure

DIRECTORY
目錄

the Lost secret of the Ancient Treasure

海上絲路

　　1998年的夏天，「瓊海00389」號拖著一艘小艇在寧靜熾熱陽光下行駛，艇後漂浮的水手透過水鏡仔細向海下搜尋。忽然，有幾座石雕吸引了他的目光。仔細一看，原來是整座威儀的文官雕像，頭部已斷落，頸上長著珊瑚，旁邊還臥著一頭石獅。他興奮地抬手擊水發出信號，在船上焦急守候的人頓時情緒沸騰，並有序地投入到水下錄影、測繪、打撈遺物等工作中。這是當年探訪西沙群島水下文物的一個情節。

　　中國水底考古者認為，目前中國水底考古的主要任務，是重現久已消失的海上絲綢之路，而尋覓西沙群島的水下遺物尤其是沉船遺址，是再現海上絲綢之路的一

個重要途徑。

　　1975年，廣東省考古工作者在西沙匕礁調查時，發現了為數不少的唐人青釉罐和青釉碗，都是當時沉船遺留下的物證。宋元明時期，西沙群島的暗礁仍是阻礙中外船隻往返的一道天然屏障。據明朝鄭和七下西洋的示意圖顯示，每次由南京出發經福建、臺灣海峽、南海至越南南部，西沙群島都是這條主航路的必經之地。無人知曉這曾經擋住了多少航船的去路。

　　中國海上絲路，也即中國古代的航海活動及航海貿易，大致有兩個方向：一是由今廣西、廣東、福建及浙江一帶的港口出發，面向東南亞、南亞乃至西亞；另一各方向是由渤海灣及東部沿海海口出發，至朝鮮半島、日本列島。遼寧省綏中縣三道崗海域，元代沉船遺址正屬於第二條航線。

　　1991年7月，綏中縣大南鋪村的漁民在捕魚時打撈出一批古代瓷器，縣文物管理所聞訊後徵集到584件，初步鑒定為元代磁州窯的產品。曆博水底考古研究室接

到消息後，隨即趕赴打撈出瓷器的地點，進行第一次水底考古調查，初步斷定為沉船遺址，並拉開了綏中三道崗元代沉船水底考古調查的序幕。

尋找遼寧綏中水下沉船遺址時，人們還檢測到一號點水深11.1公尺，水下有大致呈南北向條形物，長約25公尺，寬約5公尺，類似於船體結構。

該海域水下地貌複雜，有三道大的沙崗，只有在大潮時才露出水面。其他小沙崗星羅棋佈，形似暗礁，對來往船隻形成很大威脅。

遺址中的沉船是一艘滿載元代瓷器和鐵器的商船。船長約21公尺，寬約6公尺，船體已鏽蝕，只剩下船體中和散落在周圍的大量元代鐵器和瓷器。

從殘存情況觀察，原來船艙內是將鐵器置於下層，瓷器覆蓋在上面，故散落在周圍的主要是瓷器。瓷器大部分是磁州窯的典型器物，並不乏龍鳳罐一類精品；也有純白釉的梅瓶，仿建窯的黑釉瓷器和綠釉瓷。

現在散落的瓷器已大都打撈出水，僅完整的磁州窯

瓷器就有一千多件。

　　根據資料對比，可推斷裝運的瓷器產於磁縣觀台窯。因磁縣在宋元時期也是全國主要的冶鐵地點之一，同船鐵器很可能與瓷器產自同一地區。但經過七百多年的海水浸泡，鐵器已被銹蝕磁結成火塊。根據沉船現存主體的體積推測，這條船的載重量應在一百噸左右，而沉船的確切年代應是元代晚期。

　　在海上絲路這條上下千年、貫通亞非歐大陸的古老航道下，隱藏著不同文化相互交流的見證。1972年，在珠海市三灶島草堂灣發現一條古沉船，當地村民多次潛入沉船探索。發現艙內有香果和檳榔，香果藥味很濃，估計是唐代阿拉伯國家的商船。船木經碳14測定，結論為稍早於唐代。

　　1987年8月，廣州交通部海難救撈局與英國海洋探測公司合作，在廣東省臺山縣川山島附近海面進行探測作業時，發現了一艘南宋到元代的沉船，並打撈出了二百多件宋、元瓷器。還有銀錠、銅錢、錫壺和鍍金腰帶等

物，進而推測沉船是一艘來自南亞或西亞的外國船，來到中國的東南沿海地區進行貿易活動。在滿載一船中國貨物返航時，在此遇海難而覆沒。

　　歐洲人的地理大發現，帶來了東西貿易的新時代，同時也增加了中國海域的西方沉船數量。法國CMAX公司和瑞典東印度公司基金會等機構都掌握了不少有關沉沒於中國海域的西方商船的背景資料，並提出與中國共同進行水底考古挖掘。

　　據中國專家估計，在數以千計的沉船中，外國沉船大約占30％。颱風、暗礁等自然災害曾使那些漂泊的商船沉睡海底，戰爭等人為因素又增添了無數水下遺跡。據專家估計，在中國沿海有不少於3000艘的古代沉船。然限於人手和財力，目前已著手挖掘的古船遺址尚不足沉船總數的百分之一。

行宮寶藏考古之旅

　　清末，原有的封建綱紀土崩瓦解，大清王朝已是風雨飄搖，北京紫禁城內太監宮女偷竊文物的行為屢禁不止。終清後，廢帝溥儀也加入了偷竊的行列，許多故宮文物因而流落民間。而此時，遠在天邊的宿迁皂河龍王廟行宮，僧人們也屢屢盜取宮中文物變賣，據稱當時行宮旁經常有古董商人光顧，行宮中珍藏的文物也就是從這個時候開始流散和毀壞的。

　　大型古建築群「龍王廟行宮」位於江蘇省宿迁縣皂河鎮，歷經康熙、雍正、乾隆、嘉慶直至清末，歷朝歷代都修繕、擴建，於是規模宏大、雄偉壯麗、氣象萬千，吸引了眾多觀者。

　　然而，遊客們每每在讚美它壯觀之餘，對於該行宮的缺失都會慨歎萬千。這座本應堆金砌玉、滿目繁華的皇家禁苑由於天災人禍，無數寶藏流失湮滅，讓人扼腕長歎。

　　明清兩代，一直都把河工、水運看作國家頭等大事，而祭祀河神則被認為是水運暢通、禦災捍患的必要保障。在運、黃兩河的沿線，祭祖河神、水神、龍神的寺宇很多。但其中規模最大的則是皂河龍王廟行宮。

　　該廟始建於明初，自清以來逐代增飾，清帝多次親臨祭祖。廟中原有的匾額、碑刻、書畫多出自清帝手，各殿中供奉神祉的陳設用具，無不遵循皇帝禮制，爵、豆、瓿、尊，三設六供，一應俱全。

　　一切銀器、銅器乃至瓷器、玉器均為朝廷御賜，其它的木器、雕像、石刻、清供用品，其數量之豐，工藝之精，無不流光溢彩，精巧奢麗，遠非一般民間廟宇所能比擬。

　　隨著清朝皇帝的多次臨幸，加上歲時祭祖封賞，龍

王廟行宮的珍藏不斷增多，有些在今天看來價值連城的東西，在昔日行宮中都司空見慣。

據行宮中最後一任方丈戒明和尚回憶，當時各殿神衹前供奉均用銅製宣德爐，總數不下三十個。

除正殿神像之外，僧人齋舍內供奉的都是一、兩尺高的鎏金銅佛。這種銅佛的價值如今不菲。至於各種官窯瓷器，包括戒明在內的和尚們還俗以後，都還保留了許多，作為農家盆罐。而一件官窯青花瓷，如今賣上天價已不是新聞了。

另外像乾隆帝五次題詩的真跡，康熙、雍正所題的匾額、楹聯、讚語，加上歷年所接聖旨、御賜藏經計二百多件，俱由方丈親自珍藏。

1983年，有關部門對皂河龍王廟行宮進行了首次大搶修。這個新聞在報端公佈不久，當時的宿迁縣文化部門就收到了一封來自上海閘北區的信。寫信人自稱解放前在龍王廟行宮裡做和尚，解放後還俗，到上海做了一名普通工人，寫信之時，已退休在家。

　　這名退休工人在信中講述了這樣一件事：在宿迁第二次解放的前夕（即1948年6月），當時做小和尚的他奉命和其他幾位師兄弟，將廟內方丈珍藏的康熙、雍正、乾隆、嘉慶皇帝的御筆真跡、幾大包聖旨，和一些當時認為價值較高的字畫、帳本等物品全裝入箱中，埋入地下。信中指證，埋藏的地點是在後大殿內樓梯轉彎處的正下方，靠牆邊向裡第九塊羅底磚下，中心深度五尺到六尺左右。

　　但這封信當時並未引起重視。20世紀的90年代中期，原宿迁市文化部門著手對龍王廟行宮進行建國後第二次搶修時，才開始追尋龍王廟原始文物的流失去向，但成果微茫。

　　直到1999年，省市文保部門決定對龍王廟行宮進行第三次大規模修復，而重修後大殿也在修復計畫之內。恰巧，當年在宣傳部工作的那位人士已是宿迁縣主要領導之一，同時負責此項工作。他回想起當年的那封信，便明確指示，在這次修復過程中，一定要多方配合，注

意尋找當年可能匿存的文物。

　　2000年夏，皂河龍王廟行宮後大殿重修工程動工，地基挖掘工作剛到一半的時候，工地上便傳來了鼓舞人心的好消息：施工人員在東牆根處挖出一塊殘破石碑。文博人員在清理現場後，沒發現其他物品，便指揮工人小心翼翼地將石碑抬出。

　　經初步研究，這是塊記載著龍王廟行宮當時廟產土地情況的紀事碑。這塊石碑的發現對於研究龍王廟行宮的源起、經濟供給、發展狀況，都具有很大的意義。事後，建築技術員和縣博物館人員就此事做了認真分析。根據古建工程人員分析，儘管後大殿地基挖得很寬，涉及面很廣，但畢竟殿中央地面仍沒動土，說不定該寶藏正是埋在殿中央了。因為不是正式挖掘文物，所以不便專門深挖。

　　根據博物館人員的比較和分析，發現挖出的文化層中有大量的和此殿原地面建築相一致的磚瓦石灰等建材碎片，這說明在1957年左右，糧食部門拆掉大殿上層

時，已經挖掘過殿內地下部分了。也許，那批寶藏在當時已遭厄運了。

結合一部分歷史事實，研究人員分析：在1948年6月，龍王廟的僧人曾窖藏金銀珠寶和一些有價值的古玩字畫等物品。在這樣一個擁有上千頃良田、幾十處房舍的皇家廟宇中，眾多的珍藏財物不可能由某一個人單獨行動，埋於某一處，而是一次多個小組分頭行動窖藏的，所以導致窖藏地點線索眾多，且不確切，使得探尋工程變得更加艱巨。

張獻忠窖金千萬

　　中國古代信用制度不發達，所以人們習慣用窖藏
的方式貯存財富。為了窖藏的安全，窖藏者都力求不讓
人知道，甚至對親人都要隱瞞。

　　如果由於某種原因，他沒有機會重新挖掘這筆財富，
而又來不及將窖藏地點告訴他人就突然死去，窖藏的祕
密就一直保持下去。除非有朝一日，這祕密在偶然間被
人發現。

　　古往今來，發現窖藏的事不知有多少，今後也依然
會有人繼續發現。明末農民軍領袖張獻忠東征西戰，建
立大西政權，可惜不久即被清王朝所滅。

　　據傳張獻忠戰敗前，將其億萬金銀採取窖藏辦法埋

於四川，以備東山再起。但隨著張獻忠的戰死，這個祕密也就一直沒有被揭開。

記載中，張獻忠窖藏的書有多種。彭孫貽《平寇志》卷十二引查繼佐的話，說張獻忠「用法移錦江而涸其流，下穿數仞，實以黃金寶玉累億萬，殺人夫，下土石填之，然後決堤放水，名曰『水藏』」。

兩書中，一稱「錮金」，一稱「水藏」，當屬傳聞異辭。彭遵泗《蜀碧》卷三也記有此事，作「錮金」，但沒有提及窖藏的數量。

吳偉業（梅村）在《鹿樵紀聞·獻忠屠蜀》中說，順治二年（1645年），張獻忠「用法移錦江，涸其流，穿數仞，實以精金及其他珍寶累萬萬，下土石築之，然後決堤放水，名曰『錮金』」。」

雖然上述三書都是私家著作，但清朝官修《明史》的編撰者對這條史料也持肯定態度。

《明史·張獻忠傳》說：「又用法移錦江，涸而闕之，深數丈，埋金寶億萬計，然後決堤放流，名『水

藏』」，曰：『無為後人有也』」。」經這樣一記載，就更加被人們視為信史了。

後來陳克家繼他祖父陳鶴完成的《明紀》，也一字不易地抄錄了這條史料。清朝文人的筆記、野史中也曾提到此事。

成都一帶還流傳著「石牛和石鼓，銀子萬萬五」的民謠。意思是說，只要找到錦江下的石牛和石鼓，就能找到張獻忠窖藏的萬萬兩銀子。垂涎這筆巨額財富的自然大有人在，連清朝政府也動過一番腦筋。

《清文宗實錄》卷八十九記載：道光十八年（1838年），清政府曾派某道員到錦江實地勘察，因找不到窖藏的確切地點而中止。

咸豐三年（1853年），翰林院編修陳泰初又舊事重提，由吏部尚書等代奏，呈請尋找這筆財寶。他說親眼看到彭山、眉山居民撈到張獻忠遺棄的銀子「其色黑暗」，「曾經查出歸官，尚存藩庫，有案可核」，以此來證明張獻忠窖藏之事並非子虛烏有。當時正值太平天

國革命高潮，清政府財政困難，咸豐皇帝於是動了心，命成都將軍裕瑞「按照所呈各情形，悉心訪察，是否能知其處，設法撈掘，博采輿論，酌量籌辦」。但費盡心機，依然無法找到。

　　幾百年來儘管不少人垂涎這筆巨寶，但都勞而無功。看來這筆財富又是一個新的「天朝國庫」之謎了。

慈禧棺寶遭劫

據大太監李蓮英等著的《愛月軒筆記》記載：慈禧入棺前，棺底先鋪上3層金絲串珠繡花錦褥和1層珍珠，共厚1尺多。

棺頭放置滿翠碧透的翠玉荷葉，此玉葉面上筋絡均為天然生成；棺尾安放一朵粉紅色碧金大蓮花。頭戴珍珠串成的鳳冠，是稀世無價之寶。

身著通貫金線串珠彩繡袍褂，蓋的衾被上有珍珠製成的一朵碩大牡丹花；手鐲是用鑽石鑲成的一朵菊花和六朵小梅花連貫而成。屍身旁邊放置有翡翠、白玉、紅寶石、金雕佛像各二十七尊。腳下左右兩邊個放翡翠白菜兩棵、翡翠絲瓜兩個、翡翠西瓜一個，還有寶石製成

的杏、棗、桃、李兩百多枚。

　　她屍身右側放置一株玉雕紅珊瑚樹，上繞綠葉紅果玉蟠桃1枚，樹頂處停落一隻翠鳥。屍身左側放置一枝玉石蓮花和三節白玉石藕，藕上有天然生成之灰色「泥汙」，藕節出綠荷葉，上開粉紅色蓮花。這些奇珍異寶乃天然雕琢。棺內還有玉石駿馬八尊、玉石十八羅漢等七百多種珍寶。

　　為填補空隙，棺內還倒入4升珍珠和紅、藍、寶石兩千兩百多塊。

　　慈禧口中含有一顆巨大夜明珠，當分開兩塊時，透明無光，合攏時則是一個圓珠，射出一道綠色寒光，夜晚百步之內髮絲皆清晰可見。

　　然而，這個統治清王朝48年的女獨裁者，死後不到20年，軍閥孫殿英就帶兵將北京東陵的隨葬財寶洗劫一空。

　　據孫殿英回憶：慈禧的棺蓋一掀開，滿棺珍寶光彩奪目，使人眼花繚亂，就連手電筒的光亮也黯然失色！

盜墓賊將慈禧屍體挖出扔在地宮的西北角。

後來去收拾的人發現慈禧全身被剝光，伏於破棺槨之上，臉朝下，長髮散而不亂；手反轉搭於背上，反轉的屍體遍體長白毛。被盜隨葬財寶，除極小部分被孫殿英用於賄賂當時政界要人外，極大部分至今下落不明。

稀世隨葬之寶帶給慈禧的並不是永恆的安寧，而是橫屍荒野之禍。

「傳國玉璽」和氏璧

　　和氏璧是歷史上著名的美玉，在它流傳的數百年間，被奉為「無價之寶」的「天下所共傳之寶」，又稱和氏之璧、荊玉、荊虹、荊璧、和璧、和璞。

　　西元前228年，秦滅趙，和氏璧最終落入秦國手中。不幸的是，此後和氏璧便從歷史記載中消失了。傳說秦始皇統一六國後，將和氏璧製成了傳國玉璽。自傳國玉璽問世後，就開始了更加富有傳奇色彩的經歷。

　　傳說西元前219年，秦始皇南巡行至洞庭湖時，風浪驟起，所乘之舟行將覆沒。始皇拋傳國玉璽於湖中，祀神鎮浪，方平安過湖。八年後，當他出行至華陰平舒道時，有人持玉璽站在道中，對始皇侍從說：「請將此

璽還給祖龍（秦始皇代稱）。」言畢不見蹤影。傳國玉璽復歸於秦。

　　秦末戰亂，劉邦率兵先入咸陽。秦亡國之君子嬰將「天子璽」獻給劉邦。劉邦建漢登基，佩此傳國玉璽，號稱「漢傳國璽」。此後玉璽珍藏在長樂宮，成為皇權象徵。西漢末王莽篡權，皇帝劉嬰年僅兩歲，玉璽由孝元太后掌管。王莽命安陽侯王舜逼太后交出玉璽，遭太后怒斥。太后怒中，擲玉璽於地，玉璽被摔掉一角，後以金補之，從此留下瑕痕。

　　王莽敗後，玉璽幾經轉手，最終落到漢光武帝劉秀手裡，並傳於東漢諸帝。東漢末，十常侍作亂，少帝倉皇出逃，來不及帶走玉璽，返宮後發現玉璽失蹤。隨即「十八路諸侯討董卓」，孫堅部下在洛陽城南甄宮井中打撈出一宮女屍體，從她頸下錦囊中發現「傳國玉璽」，孫堅視為吉祥之兆，於是做起了當皇帝的美夢。不料孫堅軍中有人將此事告知袁紹，袁紹聞之，立即扣押孫堅之妻，逼孫堅交出玉璽。後來袁紹兄弟敗死，

「傳國玉璽」復歸漢獻帝。

三國鼎立時，玉璽屬魏，三國一統，玉璽歸晉。西晉末年，北方陷入朝代更迭頻繁、動盪不安的時代。「傳國玉璽」被不停地爭來奪去。

晉懷帝永嘉五年（西元311年），玉璽歸前趙劉聰。東晉鹹和四年（西元329年），後趙石勒滅前趙，得玉璽；後趙大將冉閔殺石鑒自立，覆奪玉璽。此階段還出現了幾方「私刻」的玉璽，包括東晉朝廷自刻印、西燕慕容永刻璽、姚秦玉璽等。到南朝梁武帝時，降將侯景反叛，劫得傳國玉璽。不久，侯景敗死，玉璽被投入棲霞寺井中。經寺僧將璽撈出收存，後獻給陳武帝。

隋唐時，「傳國玉璽」仍為統治者至寶。五代朱溫篡唐後，玉璽又遭厄運，後唐廢帝李從珂被契丹擊敗，持玉璽登樓自焚，玉璽至此下落不明。由於歷代統治者極力宣揚獲得傳國璽是「天命所歸」、「祥瑞之兆」。自宋代起，真假傳國璽屢經發現。如宋紹聖三年（西元1096年），咸陽人段義稱修房舍時從地下掘得的「色綠

如藍，溫潤而澤」、「背螭鈕五盤」的玉印，經翰林學士蔡京等13名官員「考證」，認定是「真秦制傳國璽」的玉印。然而，據後世人考證，這是蔡京等人為欺騙皇帝而玩的把戲。

明弘治十三年（西元1500年），戶縣毛志學在泥河裡得玉璽，由陝西巡撫熊羽中呈獻孝宗皇帝。

相傳元末由元順帝帶入沙漠的傳國璽，曾被後金太宗皇太極訪得。皇太極因而改國號「金」為「清」。但清初故宮藏玉璽39方，其中被稱為傳國璽者，卻被乾隆皇帝看作贗品，可見傳國璽的真真假假實難確定。據說真正的傳國璽是明滅元時，被元將帶到漠北了。真正的傳國璽是否和氏璧所為，又流向哪裡，至今眾說紛紜，莫衷一是。

明清兩朝人士對「傳國玉璽」的態度，已經與以往時代有所不同。據《明史‧輿服志‧皇帝寶璽》載，禮部尚書傅瀚談及地方送來的傳國璽時評論道：「自秦始皇得藍田玉以為璽，漢以後傳用之。自是巧爭力取，謂

得此乃足已受命，而不知受命以德，不以璽也。故求之不得，則偽造以欺人；得之則君臣色喜，以誇示於天下。是皆貽笑千載。」

　　清高宗御制《國朝傳寶記》也說：「會典所不載者，複有『受命於天，既壽永昌』一璽，不知何時附藏殿內，反置之正中。按其詞雖類古所傳秦璽，而篆文拙俗，非李斯蟲鳥之舊明甚……若論寶，無非秦璽，既真秦璽，亦何足貴！乾隆三年，高斌督河時奏進屬員浚寶應河所得玉璽，古澤可愛，又與《輟耕錄》載蔡仲平本頗合。朕謂此好事者仿刻所為，貯之別殿，視為玩好舊器而已。夫秦璽煨燼，古人論之詳矣。即使尚存，政、斯之物，何得與本朝傳寶同貯？於義未當。」

　　但是，歷史文獻中關於秦國傳國玉璽的來龍去脈記載的還比較詳細。《晉書·輿服志》、唐徐令信《玉璽譜》等記載「色綠如藍，溫潤而澤」，指明它是用藍田玉製成的，因此用和氏璧製成傳國玉璽的說法是沒有根據的。

那麼，和氏璧到底流落到何處呢？目前有兩種推測：第一種推測認為，和氏璧被作為隨葬品埋在了秦始皇陵墓內，並沒有作為傳國玉璽流傳後世。如果這樣，將來有朝一日挖掘秦始皇陵墓地宮，人們還有機會一睹和氏璧的風采。

　　另一種推測認為，和氏璧可能在秦末戰爭中遺失或者被項羽掠奪而去。秦末，項羽率兵進攻咸陽，焚燒秦宮殿，挖掘秦陵墓，掠奪寶物、美女，和氏璧可能就在其中。但隨後而來的楚漢戰爭中，項羽兵敗，又使和氏璧下落不明。玉璽或許藏在項羽的都城彭城〔今江蘇徐州〕，或許遺落在項羽敗死的亥下（今安徽靈璧）。

「孔雀暖玉」夜明珠

　　茫茫宇宙，無奇不有。夜明珠之謎歷來就是一樁千古疑案。自古至今，歷代人們常以愛慕、驚異、迷惑不解的心情，對夜明珠津津樂道。古代一些文學作品和民間傳說，往往替夜明珠塗抹上一層層神祕的色彩，編造出一個個扣人心弦的神話故事。例如，有個神話說夜明珠能把「龍官照得如同白晝……」。

　　英國著名學者李約瑟在其巨著《中國科學技術史》中記載，古代中國人喜愛敘利亞產的夜明珠，將它命別名為「孔雀暖玉」。

　　一些印度人把夜明珠稱為「蛇眼石」。據日本寶石學家玲木敏在1916年編纂的《寶石志》中記載，日本

的夜明珠是一種特殊的紅色水晶，被譽為「神聖的寶石」。而在中國，早在史前炎帝神農氏時代已經出現夜明珠，如神農氏有「石球之王」，號稱「夜礦」。據史籍記載，春秋戰國時代，夜明珠等已被視為「天下名護」。晉國曾以「垂棘之璧」夜明珠為誘餌「假道於虞以代編」。楚、宋、魏等國的大夫曾借夜明珠寓意哲理，討論國家大事。其珍貴價值同和氏璧並駕齊驅，只有當時的大官家陶來公(範合)和價頓(戰國時大商人)二人才買得起。

秦始皇殉葬夜明珠，在陵墓中「以代膏燭」；漢光武皇后之弟郭況「懸明珠於四垂，畫視之如星，夜望之如月」，以炫耀其富有。

武則天賜玄宗以夜明珠。當時，一顆名為「水珠」的夜明珠，售價億萬。雖然有些僅僅是傳說，但夜明珠在中國歷史已逐步形成為一種文化。

宋元明時期，皇室尤喜夜明珠。元明時期，均曾派官員到斯里蘭卡購買紅寶石夜明珠，和石榴石夜明珠。

明代內閣曾有數塊祖母綠夜明珠，夜有光明如燭。清朝慈禧太后鳳冠上九顆夜明珠已被發現四顆，死後口中所含夜明珠，在西元1928年被軍閥孫殿英盜寶後，將其贈予宋美齡。

「物以稀為貴」。夜明珠本從礦石中採集而得，但地球上的分佈極為稀少，開採也很困難，故此這顯得格外珍貴。一些古描寫它具有「側而視之色碧；正面視之色白」的奇異閃光。據說，在古代希臘羅馬，個別帝王把它鑲嵌在宮殿上或者戴在皇冠上，有的皇后、公主把它裝飾在首飾上或者放在臥室裡，以它作為國寶加以宣揚和讚美。

1900年，英、法、日、俄、德、美、意、奧8個帝國主義國家組成的「八國聯軍」，從天津向北京侵犯，慈禧太后挾光緒皇帝從北京逃往西安，宣佈實行「量中華之物力，結與國之歡心」的賣國政策，與侵略者簽訂了屈辱的「辛丑合約」。據說，慈禧太后為了博得侵略者的歡心，將自己珍藏的四顆夜明殊作為信物，派一個

小宮女送給了侵略者。然而這個小宮女不願把這樣的奇珍異寶送給外國人，她非常氣憤慈禧的做法，於是暗藏寶物在民間。

可是當時，誰也不知道她的去向，這也成為近代一大懸案。過了幾十年後，在西安發現了四顆明珠，經考證，這正是失蹤了幾十年之久的慈禧太后珍藏過的四顆夜明珠。據說，這四顆明殊放在抽屜裡，晚上進屋未開燈，一拉抽屜即見滿屋放出耀眼的白光。」

夜明珠究竟是一種什麼樣性質的奇寶，古今中外說法不一。據專家考證，夜明珠並不是像某些人所吹噓的那樣神祕，而是幾種特殊的礦物或岩石，經過人們加工後才變成圓珠形。夜明珠發出的光，並不像神話中傳說的那樣能把「龍宮照得如同白晝」。不過，在黑暗中，發光強度較大的夜明珠，人們在距離它半英尺的地方，仍能清清楚楚地觀看印刷品。

為什麼夜明珠在夜間會發出強烈而又綺麗的亮光呢？一些寶石學家認為，因為在夜明珠的螢石成分中混入了

硫化砷，鑽石中混入了碳氫化合物。白天，這兩種物質能發生「激化」，到晚上再釋放出能量，變成美麗的夜光。而且在一定的時間內，可以持續發光，甚至永久發光。當然，這只是部分專家的看法，不一定準確。

夜明珠還有許多奧祕，至今沒有被人所瞭解。據說，有一種叫做水晶夜明珠的，能發出「火焰」般的夜光，但其中的發光物質究竟是什麼，至今還不太清楚。總之，夜明珠至今仍是尚未徹底揭開的一個千古奇謎。

金縷玉衣

　　徐州是江蘇、山東、河南、安徽四省邊界，交通、經濟、文化中心和軍事重鎮。有史以來，圍繞徐州進行的戰爭多達200多次。抗日戰爭時期的台兒莊戰役和解放戰爭時期的淮海戰役，均是為爭奪徐州而進行的。

　　徐州又名彭城，歷史上就有「自古彭城列九州，龍爭虎鬥幾千秋」之說。這裡是漢高祖劉邦起家的地方。西漢建立後，劉邦分封諸王，將徐州周圍36縣劃為楚國，分給弟弟劉交作楚元王，史稱楚王。

　　此後，楚國共延續了12代。楚王們死後都葬在環繞徐州的山丘之中。至今，考古學家已發現八位楚王的陵寢。可惜的是，這些陵寢已被盜掘過不止一次，基本上

十墓九空。徐州周圍有很多以「洞」為名的山，如山洞山、南洞山、東洞山等，其實這些洞就是被洗劫一空的古墓。

1984年冬天，一部推土機在獅子山的西南部取土時，偶然地鏟出了一批漢兵馬俑，這是繼1965年夏季陝西咸陽發現漢兵馬俑、1974年春季在西安臨潼發現秦始皇兵馬俑後，中國出土的第三批兵馬俑。徐州兵馬俑博物館於1985年建成並對外開放。

但考古學家們並沒有停止工作，而是在思考一個問題：這樣規模宏大的兵馬俑為何葬在這裡？從已經發現的咸陽兵馬俑和臨潼秦始皇兵馬俑來看，這裡一定是漢代某個王陵的陪葬物。

考古學家們開始尋找，目光漸漸地集中在這座狀如臥獅的山丘上，他們草擬了各種有關陵墓形狀的的類比圖，利用各種儀器進行探測，還請來了地質勘查隊鑽孔探究，然而卻一無所獲。

1990年的一天，徐州漢兵馬俑博物館館長、考古學

家與當地86歲老人閒聊時，聽說，他家祖輩挖過很深很深的大地窖，其中最大一個能放1萬多公斤紅薯。說者無意，聽者有心，與老人的交談使這位考古學家心裡一動。他想，獅子山上都是石頭，怎麼可能挖出這麼大的地窖，職業的敏感驅使考古學家即刻意識到，這是一條非常有價值的資訊。

考古隊員在老人的配合下，在張家已廢棄的地窖裡開始了尋找歷史的遺跡。當探溝挖到地下3公尺時，發現了外墓道上人工開鑿的痕跡。這一消息傳出，人們欣喜若狂。

為了弄清陵墓的具體位置和週邊結構，他們又作了勘探和探溝，花了整整2年時間，直到1992年才最後確定楚王陵的位置，它距離陪葬的兵馬俑隊陣只有500公尺遠。

1994年11月，中國國家文物局批准了挖掘獅子山楚王陵，並將徐州獅子山楚王墓的開掘列為95中國十大考古發現之首，建議在那裡建造一座以漢代文物為主的博

物館。

　　楚王陵是坐北朝南的陵墓，有12間房，使用面積達850多平方公尺，它將獅子山掏空了半座。陵墓採用的是漢代流行的橫穴岩洞式，卻又開鑿了一個巨大而方正的天井，這在以往開掘的漢墓中從未有過，為了清理天井中的夯土和填石，人們用鏟車、吊車作業也花去了3個多月的時間。

　　然而獅子山並不是一座土山，和徐州周圍不少山丘一樣，它是座石頭山。可想而知，在當時條件下，開鑿這個碩大的天井，鑿石、夯土量約5000立方公尺，靠的全是人工，不知要耗盡多少人的生命，實在令人吃驚。專家們推測，這座規模宏大的楚王陵在當時至少也得花20年才能完工。

　　據史實記載古代皇帝與王侯從即位起就為自己造墓，並且把每年從府庫中挑選的財寶放進墓裡，希望死後也陪伴他榮華富貴。這座天井就像奢華而美麗的大廳，高達11公尺之多，長達117公尺的墓道，就是穿過天井通

往山體深處神祕的地下世界。

規模巨大、結構獨特、設計頗費心機的獅子山漢墓也是在劫難逃。挖掘之初，考古人員就在天井中部的填土中找到了一個盜洞，它斜向西北方向，沒有絲毫偏差地直通向塞門。

盜洞外口非常小，僅能容身，裡面的直徑卻有9公尺多。內墓道是由4塊一組，共4組塞石嚴密地堵著，可以清楚地看出當時盜墓人在一組塞石上鑿成「牛鼻扣」，穿了繩子連撬帶拖將4塊各重達6噸的塞石硬拉出墓道，這種全憑人工的作為也令現代人難以想像。

當他們走時，也不是倉惶逃竄，而是將盜洞填上、堵住，這一堵又堵過了2000多年。可見當時盜墓者的組織嚴密、做事謹慎，一般被盜過的墓葬裡總會留下點痕跡，可是這裡竟一點也沒有。

1995年2月28日，主墓道內淤泥被清理完畢。神祕的地下宮殿被考古工作人員挖掘開，裡面存有2000多年前楚王的寶物，玉片拼合成各種圖案、空白部位繪著漢

代漆畫，長2.8公尺、寬1.04公尺的玉槨，卻已經不幸被盜墓者砸開。玉片碎了一地，裏著金縷玉衣的楚王已失去昔日的威風，被盜墓者毫無顧忌地拉了出來，金縷玉衣也被剝去，七孔中塞著的金玉和身上佩著的金印都被搜去。

楚王的金縷玉衣雖被剝了下來，但就4000多片散落的玉片表明，盜墓者只是為拿走金銀，卻沒有動那些質地上乘、工藝精緻、光彩照人的玉璜、玉璧、玉杯、玉牙沖、玉龍等，而這件件都是國寶，經清查共有200多件套完整的玉器。

因為漢代對使用玉器是有嚴格的等級規定，普通人是不會有名貴的玉器，若有的話，則等於告訴別人這些東西來路不明，不是偷來就是盜來，會招來殺頭之禍。正因如此，墓中的這些玉器得以完整保存下來，這真是不幸中的大幸。

但是，他們拆下了金縷玉衣的金絲，這些串起玉片的金線只有2、3公斤重，一件世代「絕品」的金縷玉衣

從此金玉分家。從散落的玉片來看，每片玉上都有一道以上鑽孔，這些鑽孔細小的只有如今最小號的縫衣針大小，且緊依著邊角工整地排列著。

可以想見當年的手工藝已達到了何等程度，更何況那用來串綴的金絲又是鏤得這麼精細，這在2000年後的今天也是絕對精緻。

楚王墓的挖掘像許多遺跡一樣，打開古墓只是窺視了歷史的一角，有待考古學家和歷史學家去研究探索其中的奧祕。

古域佛光

　　在天山南麓，西漢通往西域的北道上，有一個重要的西域古國——龜茲。

　　龜茲王國在西漢時期，是西域三十六國中最大的綠洲王國，地處絲綢之路要衝。漢唐都曾先後在這裡設置西域都護府和安西都護府，今天的庫車縣就是昔日龜茲王國的所在地。

　　龜茲國地理位置重要，向西經喀什可以與絲綢之路西南道上的和田等地相通。因此，佛教傳入西域後，很快也在龜茲綠洲傳播開來。西元1世紀時，龜茲已見佛教蹤跡。《晉書‧四夷傳》中說龜茲國「俗有城郭，其城三重，中有佛塔廟千所」。

根據文獻記載，「白」、「帛」是龜茲王族的姓氏，因此三國魏甘露三年(西元258年)來洛陽譯出《無量清淨平等覺經》的帛延，可能就是龜茲的佛教徒。

　　龜茲地區最有價值的佛教文化遺產是在西元3世紀至10世紀開鑿的眾多佛教石窟。

　　這種建造在山崖上的寺廟，構成了古代龜茲地區石窟建築特有的面貌與內涵。如著名的拜城克孜爾石窟、庫車的庫木吐拉石窟(千佛洞)、克孜爾哈石窟、森木塞姆石窟等。

　　這些分佈在庫車、拜城等處山谷中的石窟，以開鑿時間早、內容最富外來文化色彩而出名。

　　龜茲石窟群已編號的洞窟總數為570多個，其中最具代表性的是克孜爾石窟，克孜爾石窟西距拜城60公里，東距庫車67公里，石窟編號的洞窟就有2236個，保存壁畫10000平方公尺。

　　克孜爾是維吾爾語紅色的意思，大概是石窟坐落的雀爾達格山因在朝暉夕照中有如胭脂，呈現赭紅色，與

山腳下木紮提河水相映成趣而得名。

　　石窟內大都繪有壁畫。西元6世紀以前，主要有釋迦、彌勒和表現釋迦的本生、佛傳、因緣等圖像。西元6世紀出現了千佛。

　　西元8世紀以後，逐漸受到中原北方地區石窟的影響，中原北方盛行的阿彌陀和阿彌陀淨土，以及一些密教形象也逐漸地傳播到了這裡。

　　龜茲文化藝術具有的多元性、混合性、相容性，是文化交流的產物。中原、希臘、印度、阿拉伯文化透過絲綢之路，聚集、交匯在這裡，進而形成了龜茲海納百川、充滿創造性的文化藝術。龜茲文化藝術的價值和獨特魅力，也正是在這裡。

　　龜茲石窟群是幸運的，因為它並沒有像馬雅人的金字塔和古巴比倫的空中花園那樣，隨著歷史風塵逝去。

　　但是龜茲石窟群也是不幸的，因為它在歷史的長河中蒙受了太多的苦難，曾經屬於它的無數珍寶也許永遠都不會再返回！

據《大唐西域記》載：龜茲城北有兩座著名的伽藍，「東昭怙厘佛堂中有玉石，面廣二尺餘‧色帶黃白，狀如海蛤，其上有佛足履之跡，長尺有八寸，廣餘六寸矣。或有齋日，照燭光明。」

這神祕的佛足印記，這巨大的玉中瑰寶，在這古老的佛寺中至少靜臥了1300多年。不料，又是一個外國人為它帶來厄運。

1898年，俄國人科茲洛夫來到昭怙厘寺，要將「佛跡玉石」運走。

但這塊玉中之王約有2000公斤重，別說運走，就連抬起來挪動一下位置都很困難。

千斤玉石稀世珍寶，更何況重達2000公斤呢！可是科茲洛夫並不放棄，於是找人將玉石砸成兩塊，然後又用圓木作成巨型架子，馬拉人推，總算運到庫車縣城，待機運出國外。

正在此時，幸好有和田一位老玉工趕到庫車，他識玉愛玉，膽大心細，聯絡當地百姓，巧妙地將這兩塊碩

大無比的玉石保護了下來。

　　直到1964年，北京自然博物館派人到新疆徵集玉石，這兩塊大玉石才得以重見天日。經取得有關方面同意，保存在庫車縣政府大院內的「佛跡玉石」，特別用兩張大紅氈包裹起來，運往北京。

　　歷史上戰爭的破壞，自然界風沙的摧殘，早已使一度輝煌的昭怙厘寺瘡痍滿身，面目全非，加上20世紀初外國探險隊的紛至遝來，先後有俄、法、日、英、德等國的探險家，曾在這裡大肆挖掘。

　　他們盜掘、偷運了大量的佛像、壁畫、古錢幣和文書等珍貴文物，為昭怙厘寺帶來諸多紛擾，使它歷盡磨難。特別是日本大谷探險隊和法國的伯希和，在這裡發現了不少舍利盒，全部運到日本和法國。

　　被大谷光瑞於1903年帶往日本的物品中，有一個現存東京，由私人收藏的舍利盒。

　　這個舍利盒為木製，盒身被紅、灰白、深藍三種顏色覆蓋，還鑲有一些方形金箔裝飾，盒內僅存骨灰，外

形沒有什麼特殊之處。因此蒙塵半個多世紀，沒有被人們所注意。

到了20世紀的50年代，有人突然發現這個舍利盒顏色層內有繪畫的痕跡，經剝去表面顏料，終於露出盒上繪製的圖像，使得精美的樂舞圖重見天日，大放異彩。

舍利盒身為圓柱體，蓋呈尖頂形，直徑約38公分，高31公分，體外貼敷一層粗麻布，再用白色打底，然後施色。畫的外面還塗有一層透明材料，製作十分精巧。

最為令人驚歎的是，盒身周圍繪有形象十分生動的樂舞圖，盒蓋上繪有四位演奏樂器的裸體童子，分別演奏豎空侯、篳篥、琵琶和一個彈撥樂器。

這是一件極罕見的反映龜茲音樂，舞蹈藝術活動的珍貴形象資料，也是龜茲當時世俗生活的真實寫照。

此舍利盒從昭怙厘佛寺出土，從側面反映了佛教文化和龜茲社會風行歌舞的盛況。

同時，舍利盒製作和繪畫非常精美，又出土於昭怙厘大寺的中心殿堂的廢墟下，顯然是一位德高望重的名

僧火化後所用，進而也證明了龜茲藝術強烈地影響著佛教文化。

　　世俗的樂舞藝術堂而皇之地闖進佛教文化的門檻，並被「超脫塵世」的佛教僧倡所接受和喜愛，這也反映出歌舞藝術的巨大穿透力。

上帝的踩腳凳

　　據傳，率領以色列人進入迦南地區是金約櫃。後來金約櫃被大衛王帶到了耶路撒冷，然後被所羅門國王安放在新修神殿的「至尊堂」中。金約櫃被當做耶路撒冷的珍寶，然而有關它的下落，可謂眾說紛紜，千百年來，它似乎也成了一門獨特的學問。

　　一種說法是：當羅馬人在西元70年將第二座神殿焚之一炬時，人們透過暗道把金約櫃搶救了出來。地道大約30公里長，一直通向東邊的庫姆蘭附近，現在金約櫃仍然埋在庫姆蘭。

　　另一種說法宣稱，金約櫃註定要返回聖殿山，將被安放在一座新建神殿的至尊堂裡。新的神殿將在彌賽亞

時期建成，並以此昭示天地。

　　還有一種說法，是說金約櫃現在封存在梵諦岡的地庫裡。

　　不過阿拉伯編年史學家卻說，金約櫃被安全地轉移到了阿拉伯。十字軍東征並佔領了耶路撒冷城之後，（基督教）聖殿騎士們到處尋找金約櫃，但始終沒有找到它的下落。

　　到底金約櫃是何物，為何千百年來會有這麼多關於它的傳說？

　　原來，在以色列早期的記錄當中，金約櫃用來盛裝上帝在西奈山賜給摩西的石碑。因此，石碑以及用來盛裝它們的櫃子就成了上帝與以色列之間的見證。

　　在《出埃及記》第25章第22節裡，上帝對摩西說：「我會讓你知道我就在那裡，就在櫃蓋上兩個小天使之間與你講話，在見證之櫃的上面。」出於這個原因，金約櫃有時候被視為上帝的踏腳凳。

　　一種流傳甚久的關於金約櫃的傳說是，金約櫃安放

在神殿中之後，就被所羅門國王與示巴王后所生的兒子竊走，帶回了埃塞俄比亞。

在埃塞俄比亞的傳說中，示巴女王確認為西元前10世紀埃塞俄比亞阿克森姆城的女王。有關傳說認為示巴女王名叫馬克達，她到耶路撒冷後，所羅門王對其一見鍾情，並熱情接待了她。

後來，她懷了所羅門的孩子。示巴女王回國前，已身懷六甲，所羅門王給她一個指環，說：「如果妳生下的是兒子，就把指環給他，讓他拿著指環來見我。」示巴女王回國後生下一子，取名埃布納‧哈基姆，意為「智者之子」。

埃布納‧哈基姆長大成人時，示巴女王就把指環給他，讓他去以色列觀見父王。埃布納‧哈基姆來到耶路撒冷後，所羅門王欣喜若狂，想讓他留下來繼承王位統治以色列。哈基姆執意不肯，所羅門王只好為他塗上繼承王權的聖油，讓他回埃塞俄比亞，並立下只有哈基姆的子孫後代，才能統治埃塞俄比亞的約法。

埃布納‧哈基姆回國後便成了埃塞俄比亞的國王，稱為「門涅利克」。從此，他的後代繼位時，都會舉行莊嚴的儀式，宣誓他們的王統來自所羅門。

值得一提的是，有的歷史文獻還把示巴女王在埃塞俄比亞的傳說，視為史實寫入正史。例如，在埃塞俄比亞的《國王豐功編年史》中，就把示巴女王寫為埃塞俄比亞歷史上的馬克達女王。

1928年，埃塞俄比亞末代皇帝海爾‧塞拉西在登基儀式上曾莊嚴宣佈：「我是大衛，所羅門‧埃布納‧哈基姆之嫡裔」。

1955年埃塞俄比亞頒佈的新憲法第二條中寫道：「海爾‧塞拉西國王的家系不間斷地傳自埃塞俄比亞女王，即示巴女王和耶路撒冷的所羅門王的兒子門涅利克一世的朝代……」這說明埃塞俄比亞一直是以示巴女王的後代自居的。

該國君主傳統的頭銜之一就是「猶太雄獅」，歷史悠久的埃塞俄比亞皇家都自稱是大衛王和所羅門王的後

代。埃塞俄比亞教會也宣稱，幾百年來金約櫃一直封存於該教會。而埃塞俄比亞的法拉沙人則聲稱，自己是當年護送金約櫃到達埃塞俄比亞的猶太人後裔。

至於示巴女王是否真的為所羅門王生下一個名叫「埃布納·哈基姆」的兒子？她的兒子是否去了耶路撒冷？是否把金約櫃運回了阿克森姆城？面對這一系列的疑問，都在等待著後來者回答。

「紅色處女軍」珍寶

捷克斯洛伐克是歐洲中部內陸國家。在這裡，一直流傳著關於「紅色處女軍」珍寶的傳說。

傳說源於捷克歷史上的普熱美斯家族。西元9世紀是捷克的榮光時期，這時正是普熱美斯家族在捷克的的統治時期，女王麗布施及其夫普熱美斯公爵也在這一時期創建了古老而美麗的布拉格城堡。城堡後經多次擴建，在一千多年後的1918年，捷克斯洛伐克共和國的總統府仍設立於此。

從女王麗布施創建布拉格城堡以來，布拉格不但成為捷克斯洛伐克的首都，也成為歐洲最大、最重要、最美麗的都市之一。

布拉格老城中最早的居民點大都始建於那個時期。城堡中心的聖維斯大教堂是歐洲建築藝術的精品，裡面藏有波西米亞王國的王冠，捷克各時期的統治者也都葬在這裡。統治者麗布施女王便以始建舉世聞名的布拉格城堡而流芳千古，而她手下的一名女衛隊長普拉斯妲卻以創建「紅色處女軍」，並埋藏一批巨額寶藏在捷克歷史上留下千古之謎。

　　原來，9世紀初的麗布施女王不但是一位出類拔萃的巾幗英雄，還創建了一支包括婦女在內，驍勇善戰打敗過不少敵人的軍隊。後來，她雖然嫁給了普熱美斯公國的公爵普熱美斯，但始終保持著桀驁不馴的獨立性格。她建立的一支威風凜凜的皇家衛隊，完全清一色的由年輕女子組成，負責保衛女王和皇宮的安全。其隊長就是後來在捷克歷史上大名鼎鼎的普拉斯妲。

　　普拉斯妲兢兢業業為女王服務，與女王有著很深厚的感情。麗布施女王去世後，普拉斯妲深感悲痛，她不願意再為國王普熱美斯公爵效勞，便率領自己手下的女

兵來到捷克北部的維多夫萊山，從此占山為王，並不時
與政府發生衝突，導致普熱美斯命令軍隊去圍剿她們。

　　起初，普熱美斯軍隊的指揮官開始並不把這支「紅
色處女軍」看在眼裡，他們認為這幫女孩子看到國王的
正規軍，必然會嚇得不知所措。

　　然而，實際上雙方一交戰，普熱美斯的軍隊由於過
於自信和輕敵，竟沒有占到什麼便宜，反而被「紅色處
女軍」打得落花流水。這下子，他們不得不重新考慮如
何來對待這支「紅色處女軍」了。國王普熱美斯在布拉
格得知自己的軍隊，在山裡竟被一批娘子軍弄得暈頭轉
向，盛怒之下，他親自率領著大軍浩浩蕩蕩地前來圍
剿。

　　在維多夫萊山區，普熱美斯大軍依靠人數上的優勢，
採取突然襲擊的戰術，把處女軍層層包圍，縮小包圍圈
後殺死了一百多名頑強抵抗的女戰士。在迪爾文城堡的
普拉斯姐聞訊後，親手殺死十幾名俘虜，並率領自己的
戰友對普熱美斯大軍進行了殊死抵抗。

一時間，山上殺聲震天，幾公里外都能聽到她們和男人搏鬥時的喊叫聲。最後，城堡中所有的女戰士全部壯烈犧牲，而普拉斯姐本人最後扔下了手中的盾牌，僅僅拿著一把利劍，赤身裸體地與皇家軍隊進行了最後的拼殺，直到流盡了最後一滴血。處女軍被剿滅以後，一個關於普拉斯姐的寶藏傳說也開始在捷克流傳。

　　原來普拉斯姐多年跟隨女王，見多識廣，對王室的金銀財寶瞭若指掌，加上她本人喜歡雍容華貴的奢華生活，且多年劫掠富豪，搶劫了不少的貴族城堡，聚斂起大量的金銀財寶。在普熱美斯軍隊未到之前，她早已預見到自己凶多吉少，於是她在迪爾文城堡早已把大量的寶藏埋藏起來。

　　這筆財寶主要有金幣、銀幣以及處女軍戰士不願佩戴的大批珍貴的金銀首飾，數量極為可觀。處女軍被全部殺死之後，後人就想到了這批珍寶。有人不斷地在當年她們活動的地區挖掘，試圖找到她們埋藏的珍寶，但始終沒有找到。

　　在普熱美斯家族消滅掉處女軍後，以布拉格為中心建立的王朝依附了神聖羅馬帝國幾百年。在普熱美斯王朝統治波西米亞的幾百年間，這幾代王朝都沒有忘記普拉斯妲和她埋藏的財寶。他們曾多次派人去維多夫萊山區搜尋，但每次都空手而歸。

　　進入21世紀以來，這筆寶藏又引起了一些現代尋寶者的注意。有人認為，它一定被埋藏在捷克山區的某個地方。但到底在什麼位置，卻始終沒有人能知道。

「聖殿騎士團」的巨大財富

　　在歐洲歷史上，十字軍東征的故事一直流傳不止。11世紀，十字軍東征攻佔了聖城耶路撒冷，但主力一撤離，東去的朝聖者就開始遭到強盜的襲擊和阿拉伯人的報復。

　　一小隊騎士在法國人的率領下，發誓用他們的生命來保護前往聖地的朝聖者，他們以「守貞、守貧、服從」為三大信條，自稱是「基督和所羅門聖殿的窮騎士團」。教皇發佈聖諭，確認他們在政治上只對教皇負責，經濟上可以免稅。耶路撒冷國王則將聖殿山上一所寺廟的部分交給騎士團駐紮，從此他們便被世人稱之為「聖殿騎士團」，成為耶路撒冷王國對抗阿拉伯人的主

要力量。

聖殿騎士團從本質上來說是武裝的僧侶幫會，在全盛時據說有2萬多名成員，主要分為騎士、士官、農人和牧師。

騎士和士官是基本的軍事力量。農人專門管理騎士團財產。牧師則是精神支持者。聖殿騎士團的首領也稱為大團長，通過選舉產生，任期為終生。在後來與阿拉伯人的一系列對抗中，聖殿騎士團終於被打敗，失去了守護耶路撒冷的使命，逐步撤回法國。

但當時的法國國王是擁有「美男子」之稱的菲利普四世，他並不歡迎這支只服從教皇而又能征善戰的軍隊。但他知道，在聖殿騎士團的身上，有一個寶藏的祕密，並因為法國對騎士團的巨額欠債而心懷鬼胎。

原來，早在耶路撒冷時，騎士團的財產主要來自於贈予、信貸、掠奪以及徵稅。為了在戰亂年代獲得保護，許多貴族將地產贈送給騎士團。到12世紀末，騎士團在歐洲擁有9000多處產業，包括倫敦的聖殿教堂、柏

林的聖殿宮，甚至整個賽普勒斯島。

騎士團的另一個生財之道是「搶劫」。這類行為對於騎士團來說屢見不鮮。

1153年，耶路撒冷王國與埃及人交戰，攻克阿斯卡隆之後，他們首先衝進城內，在城牆缺口處派40名士兵把守，不讓其他軍隊進入，而團員們則在城內挨家逐戶地搜索金銀財寶。

此外，騎士團還從事商業信貸，這幾乎與現代銀行業的經營模式類似。最初，入會的騎士團成員將財產交給團隊保管，後來歐洲的貴族們也紛紛託管他們的貴重財物。

騎士團還發佈了印有特殊記號的票據，只要持有該票就可以在各地支部取出財物。由於有龐大的軍事力量作為後盾，加上「守貧」的信用，騎士團的業務十分興旺。

12世紀中期，他們開始向朝聖者放貸。後來，對象擴大到社會各個階層，上至國王貴族，下至平民百姓。

他們甚至借貸給基督徒的敵人，這說明他們不但深具商業意識，而且信譽卓著。據說，騎士團總部堆放的借據帳本比宗教書籍還要多得多。

同樣的，法國也對騎士團有巨額欠債。1307年10月13日，星期五，在毫無預兆的情況下，菲利普四世向法國各地的事務官發出密函，要求他們在同一時間打開，密函上的內容是逮捕各地的聖殿騎士團成員。突然的襲擊獲得了圓滿成功，法國幾乎所有的聖殿騎士團成員都被逮捕，騎士團的高層無一倖免。

菲利普四世給聖殿騎士團的罪名是「異端」。在他的壓力下，教皇克萊蒙特五世也發佈聖諭，譴責聖殿騎士團的罪惡，要求各國徹底取締聖殿騎士團。騎士團很多成員死於獄中，剩下的成員則受了火刑。

1310年5月10日這一天，有54名聖殿騎士被宗教裁判所用文火烤死。

大團長和其他幾名騎士團高層由於地位非同尋常，直到7年後才被送上火刑架。他在死前詛咒菲利普四世

和克萊蒙特五世，說他們在一年內都會面臨永恆的審判。一個月後，克萊蒙特五世暴病而死，菲利普四世只比他多活了半年。聖殿騎士團灰飛煙滅，但是他們保管的那巨額財富，卻只有一小部分落到了菲利普四世的手上。

據說，大團長在獄中的時候已經覺察到大事不妙，派人將大筆寶藏祕密轉移到前任團長的墓穴裡。這筆寶藏包括歷代耶路撒冷國王王冠、所羅門王的七枝燭臺和四部金福音，此外還有大量的黃金、白銀和寶石。由於聖殿騎士團有自己獨特的神祕符號，因此這筆財富從此失去了下落。

千百年來，無數的尋寶者不斷在法國乃至歐洲各地尋找這些奇怪的符號。有人認為，財寶現仍在法國羅納省博熱伯爵封地附近的阿爾日尼城堡裡，屬於一位對聖殿騎士團的內情頗有瞭解的伯爵雅克‧德‧羅斯蒙所有。有人願意出資1億法郎購買，但遭到拒絕。也有人認為寶藏可能隱藏在法國夏朗德省巴伯齊埃爾城堡，因

為那裡也發現了許許多多令人暈頭轉向的騎士團符號。

　　法國歷史學家馬塞洛認為，在法國都蘭的瑪律什也可能會找到聖殿騎士團的藏寶，因為那裡以前曾是聖殿騎士團的「金缸窖和銀缸窖」的所在地。

陵寢下的古老寶藏

秘魯政府曾宣佈：對古印加奇姻王國首都廢墟的地下國王陵墓加以嚴格保護，不允許人們隨便破壞它，並且在嚴密防衛下，由兩位經驗豐富的秘魯考古學家，花費幾年時間在此地挖掘。他們在尋找什麼呢？

原來，在16世紀下葉，一位名叫古特尼茨的西班牙商人探險來到此地，在一位印第安部落的人帶領下，穿過錯綜複雜、九曲十折的地下迷宮，來到了這座地下國王陵寢。瞬間，這位年輕商人被金光燦爛的黃金珠寶照耀得不知所措。

這座陵寢內擺滿珍奇珠寶，其中包括一些鑲有翡翠眼睛並使用黃金鑄造的魚。印第安人平靜地告訴面前這

位驚恐萬分的西班牙人，只要他協助建設當地的公共工程，這些黃金便全歸他了。無需猶豫，這無疑是一個千載難逢的良機，古特尼茨拼命點頭。於是，他如願以償以一個巨富的姿態返回西班牙。

至於古特尼茨得到多少黃金可能永久成為未知數，但根據1576年的西班牙稅收記錄記載，古特尼茨不僅向國王密報了這處寶藏，而且慷慨地奉獻了900磅黃金為稅金。可見，當時他得到了多少財富。

然而，在他之後的無數尋寶者卻沒有這種運氣。雖然總有人提供各種誘惑人心的線索：在當地廢墟下面，隱藏有一處更大的寶藏，裡面擺滿更多陪葬的黃金物品。但卻沒人能找到。各種傳說真真假假，為陵寢蒙上了一層神祕的迷霧。而揭開這層迷霧，則有待於秘魯考古學家的運氣了。

古印加的黃金城

　　古代，以南美秘魯為中心的印加帝國，一度十分強盛。據說，城內所有的宮殿和神殿都是用大量金銀裝飾而成，金碧輝煌，燦爛無比。16世紀初，西班牙人推翻了印加帝國，掠奪了所有黃金寶石。

　　西班牙統帥庇薩羅聽到一個傳說，印加帝國的黃金全是從一個叫帕蒂的酋長統治的瑪諾阿國運來的，而且那裡金銀財寶堆積如山。於是，庇薩羅立即組織探險隊，開赴位於亞馬遜密林深處的黃金城。

　　然而在這個廣袤無垠的原始森林裡，每前進一步都意味著恐懼和死亡，這裡有猛獸毒蛇，有野蠻的食人部落，有迷失道路的威脅，一支支探險隊或失望而歸，

或下落不明，使庇薩羅遙望這片森林只能感到無奈。

隨後，西班牙人、葡萄牙人、英國人、荷蘭人和德國人聽說了黃金城的消息，都紛紛過來掘金。他們蜂擁而至，深入到亞馬遜的密林中。其中，有位叫凱薩達的西班牙人率領約716名探險隊員向黃金城進發，在付出550條性命的慘重代價後，終於在康迪那瑪爾加平原發現了黃金城和傳說中的黃金湖。他們找到了價值300萬美元的翡翠寶石，然而這僅是黃金城難以估價的財寶中，極其微小的部分。

而傳說中的黃金湖就是哥倫比亞的瓜達維達湖。從16世紀以來，對黃金湖的打撈一直沒有停止過。1545年一支由西班牙人組織的尋寶隊，在3個月時間內就從較淺的湖底撈起幾百件黃金用品。1911年，英國一家公司挖了一條地道，將湖水抽乾，但太陽很快把厚厚的泥漿曬成乾硬的泥板，當英國人從英國運來鑽探設備時，湖中再度充滿湖水，這次代價昂貴的打撈工作仍然歸於失敗。

但是，當尋寶者回想起17世紀初，印第安族最後一位國王的侄兒，向人們描述了在黃金湖畔所舉行的傳統加冕儀式時，就堅定了尋寶的決心。當時，王位繼承人全身被塗上金粉，如同黃金塑像，然後在湖中暢遊，洗去金粉，他的臣民紛紛獻上黃金、翡翠，堆在他的腳旁，這位新國王將所有黃金丟進湖中，作為對上帝的奉獻。這種傳統儀式舉行過無數次，可見黃金湖的蘊藏量是如何豐碩！

　　1974年，哥倫比亞政府擔心湖中寶藏落入他人之手，出動軍隊來保護這個黃金湖，從此再也無人能夠接近這批寶藏。於是，神祕的黃金湖便成為一個無法揭開的謎團了。

莫斯科地下「藏書室」

在莫斯科,一個有關神祕「藏書室」的傳說讓很多人探險者著迷。1997年,87歲的歷史學家阿帕勞斯·伊萬諾夫宣佈找到了「地下藏書室」的位置,但他不久便去世了,還來不及對世界公佈其具體位置。

20世紀的60年代初,蘇聯領導人赫魯雪夫組織了一個特別行動組,負責在克里姆林宮下搜索伊萬雷帝的藏書室。然而1964年隨著赫魯雪夫被解除職務,行動組也解散了。

這個神祕「藏書室」到底是什麼,裡面到底藏著怎樣不為人知的祕密,居然讓歷史學家和政府都如此感興趣呢?這還得從莫斯科地下暗河、涵洞說起。

莫斯科坐落在蜿蜒曲折的莫斯科河拐彎處，下面的暗河多達150條，河道用磚石壘起來變成涵洞。在這些靜靜流淌的暗河旁邊，存在著很多不為人知的地下通道和建築：伊萬雷大帝時期的酷刑室、監獄和祕密通道、18世紀採礦業留下的廢棄採石場、20世紀的70年代勃列日涅夫修建的祕密地下城、戰爭時期留下的防空洞……這些地下通道中有公寓，廚房用具、客廳傢俱一應俱全；還有骷髏、石棺和不知何年留下的垃圾。

　　莫斯科城市中心除了矗立著莊嚴的克里姆林宮、洋蔥頭狀的俄羅斯東正教堂外，還有寬闊的紅場。據說在克里姆林宮的主體部分之外，伊萬雷大帝還修建了「地下藏書館」，這個傳說中的藏書室，就是被歷史學家阿帕勞斯‧伊萬諾夫和赫魯雪夫搜索的寶庫，至今仍被視作城市考古工作者的「聖杯」。可是，這個書庫裡到底藏了什麼東西呢？竟會讓人如此著迷。

　　相傳，在1453年，君士坦丁堡陷落前，一批用希伯來、埃及、希臘和拉丁等文字手書的古代書籍被偷運出

城，輾轉落到拜占庭帝國最後一個皇帝的侄女——伊萬大帝的妻子蘇菲亞手裡。她將這些書祕密運回莫斯科，讓建築師亞里斯多德·菲奧拉萬蒂為這些書冊建立了一座密室，就是克里姆林宮的地下藏書室。

伊萬大帝之孫伊萬雷帝1533年繼承王位後，將藏書占為己有。他對這些藏書視若珍寶，雖然找人將書裡文字譯成俄語，卻不允許譯者見到書的全貌，並且從不透露藏書的位置。

在伊萬雷帝統治後期，一場針對俄國貴族的恐怖鎮壓運動開始了。在這段時間，他在克里姆林宮修建了大量隧道，用作酷刑室、監獄和祕密通道。人們認為他的藏書館也在其中，但從彼得大帝到赫魯雪夫都曾仔細搜索過，卻一無所獲。

20世紀的90年代，莫斯科市長盧日科夫數次組織尋找藏書室的行動，並且使用了金屬探測器，仍然一無所獲。古老的藏書和地下的祕密仍不知所蹤。

現在，這些尋找地下藏書室的活動與尋找旅遊熱點

的想法不謀而合。探險旅遊的策劃者之一，就是身為業餘歷史學家的蓋爾曼‧斯泰爾里戈夫。他曾發現一條隧道，滿地骸骨都是當年被伊萬雷帝祕密員警殺害的俄羅斯貴族，可是他仍找不到藏書室。至今，藏書室依舊吸引著無數的探險者為之奔波。

雷恩堡的所羅門大帝寶藏

　　雷恩堡是法國南部科爾比埃山中的一座小鎮。雖然
地處偏僻，雷恩堡卻奇聞迭起，充滿神祕色彩。據傳，
古代猶太人有一批被稱為「所羅門寶藏」的珍寶藏在耶
路撒冷。

　　西元70年，這批珍寶被羅馬人掠去並在羅馬展覽。
西元410年，維西哥德人在羅馬大肆殺掠，搶走這批珍
寶。

　　西元5世紀末，維西哥德人征服大半個西歐，雷恩堡
就是在這一時期修建的，是一座山頂要塞。在維西哥德
人失勢後，雷恩堡曾經是他們最後的據點之一。

　　17世紀初，雷恩堡附近一個名叫帕里斯的牧羊人，

在牧羊時走失了一頭母羊。在尋找母羊途中，他偶然發現地下有條大裂口，裂口下是一條深不見底的地道。

帕里斯沿著地道一直往前走，最後來到一座屍骨橫陳、箱子滿地的地下「墓穴」前。他雖然驚恐萬分，但在好奇心驅使下，還是硬著頭皮打開了箱子，結果發現裡面全是金幣。

帕里斯將金幣裝滿自己的口袋，匆匆跑回家中。帕里斯「一夜暴富」的事，很快就傳遍了整個雷恩堡。不久，他被人密告並以偷竊罪入獄，最後冤死獄中。

到了18世紀，雷恩堡當時的莊主瓦桑家的小女兒瑪麗，嫁給了坦普爾騎士團的首領布蘭什福家的末代侯爵。

1781年，62歲的瑪麗在臨終前，把一個重大的祕密告訴了前來為她祈禱的維哥神父。

據說神父聽後震驚萬分，並為如何保守布蘭什福家的祕密頗感苦惱。

因為當時是在法國大革命的前夕，稍有不慎祕密洩

露，那麼雷恩堡必將再次遭受掠奪。

　　幾經思考後，神父將瑪麗委託給他的檔案，藏於鎮上瑪麗亞教堂的一個支撐聖壇的空心柱內。

　　為了讓將來雷恩堡的鎮民能夠找到寶藏，他還留下了顯示柱內有祕密檔的密碼，並將其刻在瑪麗夫人的墓碑上，銘文是：「即使在阿爾卡迪也有我。」

　　這裡所說的「阿爾卡迪」，是古代傳說中的一方世外桃源式的樂土。

　　後人經研究後指出，銘文中的「我」代表死神，銘文的意思是：即使在美好的阿爾卡迪樂土之上，「死神」也是不可避免的。

　　這句話含有「人生無常，美景難再」的意思。引人深思的是，維哥神父選用的這句銘文出自16世紀法國畫家尼古拉‧普桑的名作《阿爾卡迪的牧人們》。

　　即使是在美術界，這幅畫也是晦澀難懂的作品，其中究竟蘊含什麼玄機，無人能說的清楚。

　　19世紀末，瑪利亞教堂神父索尼埃破解了維哥神父

留在碑文上的密碼，發現了一座「地下古墓」，得到了這批寶藏。

在取得了寶藏後，索尼埃神父花鉅資蓋別墅，修花園，還翻修了整個教堂，將教堂裝飾得富麗堂皇。

當主教問索尼埃神父「這些錢是從哪來的？」時，他回答說是那些極富有的人士捐助的。當主教再問「捐助者是誰」時，他又以捐助者的身分以及慷慨解囊的動機都需要保密為由加以搪塞。

1917年，64歲的索尼埃神父突患腦溢血臥床不起。

在索尼埃神父死後，其遺孀瑪麗也過著深居簡出的生活，不再接近任何來客，再也沒去過神祕的「地下古墓」，這筆財寶的祕密也只有瑪麗一人知道了。

直到1946年，一個名叫諾爾‧科比的人在瑪麗晚年時結識了她。當時科比夫婦寄住在瑪麗家，他們整天陪瑪麗玩耍，取得了瑪麗的信任和好感。

一向守口如瓶的瑪麗答應在她臨終前將祕密告訴科比。無奈天不遂人願，1953年，瑪麗突然病倒不省人

事，後來再也沒有醒過來，最終帶著她的藏室祕密離開
塵世。

　　今天，雷恩堡已經成為法國的旅遊勝地。瑪麗亞教
堂聳立在山頂上，只有一條崎嶇不平的小道可以通到那
裡。來此參觀的人們都不理解教堂的有些裝飾為何顯得
與環境極不協調。

　　例如，參觀者來到教堂門口，一抬頭就可以看到刻
在石門楣上的一句話──「這個地方可怕極了」。

　　參觀者踏進教堂大門，首先映入眼簾的是惡魔阿斯
莫德奧斯怒目圓睜、張著血盆大口的雕像。教堂地面的
裝飾也很奇怪，就像國際象棋的黑白棋盤。

　　據說，索尼埃神父當初在翻修教堂時，特意在教堂
各處暗藏了密碼，以暗示財寶的所在，但後來他又將這
些密碼全部銷毀。

　　而教堂地面裝飾的棋盤圖案中也暗藏了密碼，當年
索尼埃神父之所以能破解維哥神父留在碑文上的密碼，
關鍵就在這個棋盤。

事實上，在傳說中，阿斯莫德奧斯是守護耶路撒冷寶藏的惡魔。把它置於教堂中，想必也是要用它悄悄地守護財寶。

在阿斯莫德奧斯的頭上有四位天使，其中引人注意的是位於中間的那個屈膝的天使，她用左手指著下面，那裡用拉丁文寫著：「根據這個徵兆你不能征服他。」

這個「他」究竟是指下面的阿斯莫德奧斯，還是指隱藏祕密的索尼埃神父呢？就像是在顯示答案似的，文字下面有綠色的圓形裝飾，畫著大寫字母「B・S」。

「B・S」指的是什麼？或許是神父貝蘭齊埃・索尼埃姓名的第一個字母B和S。

另外，天使像的右上方是一幅教堂壁畫，畫的下側畫著裝黃金的皮袋，畫的左邊描有被稱為「所羅門的封條」的粉紅色花紋，當然也在暗示黃金。

環視教堂內四周，可以看到15塊色彩鮮豔、用陶瓷燒製的教堂畫，按順序裝飾著教堂的牆壁。據說，為了儘量展現他的本意，索尼埃幾次命工匠重做這些壁畫。

整個畫面看起來也顯得有些離譜。

例如第10幅畫中畫著一名士兵擲骰子的情景。據密碼專家分析，骰子的點數也是解讀密碼的關鍵。

此外，在索尼埃花重金在山崖上修建的別墅裡，有一個半圓形陽臺，由陽臺左邊往上走22級臺階可以到達馬格達萊塔，從右邊往下走22級臺階可以到達暖房。據說這「22」也是希伯來神祕哲學中的神聖數字。暖房中種植了從世界各地運來的各種名貴植物，馬格達萊塔內則購置了古今有關祕術的各種書籍，索尼埃當年曾埋頭於神祕學研究。

最讓人吃驚的是馬格達萊塔的頂部。從那裡眺望雷恩堡，參觀者會感覺到整座小鎮被群山環抱，猶如眾星拱月，按「風水學」來說簡直是「風水寶地」。

這裡的景色和《阿爾卡迪的牧人們》背景中的群山一模一樣，難怪索尼埃神父會專門去羅浮宮購回其複製品仔細揣摩。

索尼埃神父除了翻修教堂、蓋別墅花了幾千萬美元

外，餘下的鉅資購買了當時的俄國政府債券，但後來就如同廢紙一樣全部損失了。

　　不過，雷恩堡裡也許還有其他珍寶等待幸運者去發現。

「聯合號」上的銀箱

1707年10月21日，克勞迪斯雷·肖偉爾將軍率領「聯合」號、「雄鷹」號、「燃木」號、「長生鳥」號和「羅姆尼」號等軍艦組成的英國艦隊，從直布羅陀全速行駛，返航在英國的途中，肖偉爾將軍的艦隊駛向了錫利群島的暗礁。肖偉爾將軍怎樣都沒有想到，這片暗礁就是海盜和當地居民設下的陷阱。

從14世紀以來，英國西南海岸的海峽和水域就一直是海盜們的樂園。他們把這個海域當成了自己對來往船隻的最佳狩獵區。那時，從北海和波羅的海駛出的商船必須通過這個「針眼」才能前往歐洲南部和西部。對於那些向相反方向航行的船隻，如來自地中海沿岸的航

船，常常會受到海盜的攻擊，要安全通過這個區域絕非易事。

　　為了抵禦海盜，英國的一些港口城市結成同盟自衛，其目的就是要把英國南部海港從海盜的控制下解救出來。透過政府的協商，那些懸掛英聯邦旗幟的海盜船，從英國國王那裡得到搶奪敵方商船的許可。官方還對海盜們允諾，除了英聯邦的船隻外，允許他們搶劫所有經過海峽的別國過往船隻。

　　這種特殊的規定造成，只有在錫利群島一帶才會經常出現的怪現象：島上居民竟然利用一百多個像暗礁一樣散佈著的環形珊瑚島來引誘別的國家的輪船觸礁。

　　為了達到目的，島民與海盜勾結，使用各種手段，或燃起火把，或把點燃的燈籠掛在母牛的脖子上，其目的都是用錯誤的燈光信號誤導，使那些在風暴或黑夜中迷失方向的船隻偏離航道，得逞之後大肆劫掠船上的財物。克勞迪斯雷・肖偉爾將軍率領的「聯合」號，就遭遇到這種劫難。

　　當時，肖偉爾將軍的艦隊駛向錫利群島的暗礁時，海盜們正在遠處幸災樂禍地拿著望遠鏡，靜觀著遭遇海難的人們在大海中垂死掙扎。而那些拼命游到岸邊原本可以獲救的水手們，也都被島上居民殺死。就連肖偉爾將軍本人也未能倖免於難，他遊到岸邊的時候，向一個漁婦伸手求救。那個漁婦發現他伸出的手上戴著一只金光閃閃的戒指，便殺死了他。之後，隨手砍下他僵硬的手指，然後將屍體草草掩埋。直到數年之後，人們才發現了他的屍骸並運回倫敦，經過隆重的追悼儀式之後安葬在西敏寺大教堂。

　　風暴過後，海盜們坐著他們輕便的漁船划向暗礁，然後分成小組，從觸礁的殘骸帶回金幣、銀幣、木板、滑輪、鋼索、滑車組、索具、皮帶、手槍、彈藥和刀子等……一切有價值的東西。而這支艦隊最大的一批財富，即艦隊的錢箱，在艦隊遇難前就已經沉入海底。專家估計，不僅「聯合」號，在錫利群島周圍，至少有一千多艘來自歐洲大陸不同國家的船隻觸礁擱淺。所以

這個區域被看做歐洲最大的「船隻公墓」。

20世紀的60年代，人們開始使用現代技術尋找「聯合」號，尋寶工作才取得了突破性的進展。英國海軍潛水夫在基爾斯通礁石中央發現了「聯合」號。他們試圖找到「聯合」號的錢箱，卻空手而歸。

有個叫羅蘭‧莫里斯的英國人，經過精心準備之後，和他的同伴們來到錫利群島。為了接近「聯合」號的錢箱，他們在水底使用了炸藥，但還是沒有找到錢箱。忙碌了一年半之久，羅蘭‧莫里斯和他的隊員們最後終於在附近的一個岩石裂縫裡找到了1400塊銀幣。不久莫里斯又發現了一個大銀盤，上面印著的克勞迪斯雷‧肖偉爾爵士的徽章還清晰可見。這絕對是件珍品，也是艦船上珍貴的銀餐具中最寶貴的一件。

60年代末，莫里斯在錫利群島周圍海域打撈出來的歷史珍寶，被放在倫敦著名的蘇富比拍賣行拍賣。作為回報，他和同伴們將從國防部得到一筆事先商定好的獎金。在1970年的第二次拍賣會上，「聯合」號的銀盤又

回到了羅蘭‧莫里斯的手中。後來，又有許多英國潛水者組織繼續對「聯合」號殘骸進行尋寶，從旗艦的船腹中找到近7000枚銀幣。

1974年，莫里斯和他的同伴在錫利群島發現了斷裂的英國戰艦「巨人」號。這艘18世紀的戰艦隸屬於霍雷肖‧納爾遜的艦隊，1798年在錫利群島的花崗岩前觸礁沉沒。莫里斯的潛水夫們在艦上發現了一個有著二百五十年歷史的花瓶碎片。這些花瓶的碎片在海底沉睡了二百多年之後，被大英博物館的工作人員拼回了原狀。

在「聯合」號艦隊觸礁後將近三百年間，對金子和財富的欲望吸引了很多冒險家來到錫利群島。歐洲最大海上公墓的水域成了眾多潛水者尋寶的天堂。

然而，最大的那筆寶藏──「聯合」號艦隊的錢箱卻始終沒有找到。

維哥灣神祕沉沒的「黃金船隊」

　　1702年，西班牙財政困窘，一支由17艘大帆船組成的龐大船隊，奉命載著從南美洲掠奪的金銀珠寶火速運回西班牙，其間經過一段最危險的海域。在6月的一天，正當「黃金船隊」駛到亞速爾群島海面時，突然一支英荷聯合艦隊攔住去路。這支150艘戰艦組成的艦隊，迫使「黃金船隊」駛往維哥灣躲避。

　　面對強敵的包圍，唯一而且最好的辦法是從船上卸下財寶，從陸地運往西班牙首都馬德里，但偏偏當局有個奇怪的規定：凡從南美運來的東西必須首先到塞維利亞市驗收。顯然不能違令從船上卸下珍寶。僥倖的是在皇后瑪麗・德薩瓦的特別命令下，國王和皇后的金銀珠

寶一部分被卸下，改從陸地運往馬德里。

在被圍困了一個月後，英荷聯軍約3萬人在魯克海軍上將指揮下對維哥灣發起猛攻，3115門重炮的轟擊，摧毀了炮臺和障礙柵，西班牙守軍全線崩潰。由於聯軍被眼前無數珍寶所激奮，戰鬥進展迅速，於是港灣很快就淪陷了。

此時「黃金船隊」總司令貝拉斯科絕望了，他下令燒毀運載金銀珠寶的船隻。瞬間，維哥灣成為一片火海，除了幾艘帆船被英荷聯軍及時俘獲外，絕大多數葬身海底。這就是歷史上著名的「黃金船隊」沉海事件，也是尋寶史上一大疑案。

這批財寶究竟有多少呢？據被俘的西班牙海軍上將估計：約有4000～5000輛馬車的黃金珠寶沉入海底。儘管英國人多次冒險潛入海下，也僅撈上來很少的戰利品。於是，這批寶藏仍然強烈吸引著無數尋寶者。

從此，在近1000海里的海底，出現了一批批冒險家的身影，他們有的撈起已空空如也的沉船，有的卻得到

了純綠寶石、紫水晶、珍珠、黑琥珀等珠寶，有的仍用現代化技術和工具繼續尋覓。隨著歲月推移，風浪海潮已使寶藏蒙上厚厚泥沙，眾多傳聞又使寶藏增添了幾分神祕，無疑給冒險帶來了更多的麻煩。

　　不幸的是，那部分由陸地運往馬德里的財寶，在途中有一部分被強盜搶走。這部分約1500輛馬車的黃金，據說，至今仍被埋藏在西班牙龐特維德拉山區一個鮮為人知的地方，這顯然又像一塊巨大的磁鐵般，吸引著夢想發財的人們。

羊皮紙上的藏寶洞

橡樹島又名奧克島，是位於加拿大東部的一個極小的小島，大約1.2公里長，最寬的地方800公尺，總共也就一個中型體育場那麼大。

據說這個名字的來源，是因為島上曾生長過一棵很大的橡樹。雖然今天那裡已經沒有橡樹了，但橡樹島這個名字卻留了下來。這個島離西海岸大約二百公尺，要不是有一條四公尺深的狹窄水渠，在退潮時遊人們甚至可以趟水到島上遊玩。1804年以前，島上荒無人煙，只棲息著成群的野鴨，還有濃密的灌木叢和一望無際的雲杉與松樹。

世界上大概沒有任何一個地方能如橡樹島這樣，在

長達二百多年的歲月中，始終吸引著一批批帶著黃金夢的尋寶者來島上挖溝、鑽洞、或築壩、開挖隧道，他們無所不用其極的想挖掘出那個傳說中的藏寶洞。

假如從空中俯瞰，這個小島的形狀像是一個問號。事實上，這個小島對尋寶者來說，的確是世界上最大的問號，二百多年來，困惑著一批批的尋寶者。據官方統計，從1795年至今，這些尋寶隊在島上藏寶洞中，一共只挖掘出三個銅鏈、一小片羊皮紙、一塊刻著奇怪符號的石頭。其中，羊皮紙碎片的發現很快引起轟動。

據專家鑒定，「它是用裝著印度黑墨水的羽管寫的」，尚可辨認的字元「看上去是ui，vi或wi或是這些音節的一個部分」。於是有人斷定，這些羊皮紙可能是17世紀常出沒此地區的海盜船長吉德，在此埋下的一大筆寶藏。

儘管在此之前，這一帶就有島上藏寶的傳聞，說這個地區一百年前曾是吉德船長及其他海盜的安樂窩，他們可能把劫掠來的東西就埋藏在這裡。但直到這時，尋

寶者才恍然大悟。原來，在整個藏寶洞中布下迷魂陣的，竟然是英國歷史上最為引人關注的海盜船長吉德。那麼，這塊引起世人注意的羊皮紙是怎麼被發現的呢？

1893年，一位來自阿默斯特的保險商成立了「奧克島尋寶公司」。此人名叫布雷爾。布雷爾在島上挖了很多實驗坑，寶貴的幾星期就在毫無成效的試驗中過去了。到了夏末，公司已面臨彈盡糧絕。為了籌集新的資金，他們散發了新的廣告。1896年10月公司終於籌集到部分資金，又重新開工。

1897年3月26日，一個名叫約瑟夫的工人在掘井中被砸死。這次事故導致了許多工人拒絕再下井，因此整個掘寶行動停頓了幾個星期，直到又招募了新的工人。就在布雷爾的公司最為艱難的時候，突然柳暗花明。

原來，當他們重新挖掘的13號井鑽探到40公尺深處時碰到了鐵。工人們覺得情況異常，就趕緊換了一個粗鑽頭。這個鑽頭穿過了鐵障礙，在50公尺深處進入了軟軟的石頭或水泥質的東西。技術人員認為，這種軟軟的

石頭或水泥不可能是井底的天然物，當鑽頭滑過一個4公分的空穴後，帶上來的樣品中除了椰子纖維和樺木屑外，還有一些羊皮紙。他們又用一把鏜刀換下鑽頭。

鑽探中，鏜刀碰到了堅硬的金屬，後來花了五個小時才小心翼翼地穿過這層80公分厚的金屬，但是這次鏜刀沒有帶上來任何樣品。於是，他們又改用62公分的粗鏜刀試了一次，近三個小時後，鏜刀幸運地鑽入鐵器5公分，但是取回的鏜刀還是沒帶樣品。他們又把一塊磁鐵放入泥土，結果顯示在57公尺深處有細鐵屑。他們又一次鑽探，鑽頭在42公尺深處遇到一條水渠，水以每分鐘1800升的流量向上湧。這樣看來，還存在著第二條引導海水的水渠。

鑽探得出的總結論是，在42公尺深處有另一條水渠、樺木和鐵，在46公尺深處又是鐵，51公尺處是水泥和20公分厚的樺木，下面是一塊羊皮紙。然後在57公尺深處又是鐵。據此推測，在50公尺深處以下有一個地下室，簡單的外包裝是50公分厚的水泥質的材料。

　　羊皮紙的發現，也大大的鼓舞了布雷爾和他手下工人的士氣。1897年10月，他們開始挖新的14號井。這口井是八角形的，但挖到37公尺深處遇到了1866年的尋寶者所挖的一條坑道，水從這個坑道進來淹沒了這個新井，最終不得不放棄這個井。他們又鍥而不捨地開始挖第15號井，但挖到53公尺深處時又突然進水。再以後，他們又孤注一擲地挖了16、17、18和19號井，深度分別是44公尺、32公尺、53公尺和48公尺。但遺憾的是，每一次井裡都會因突然湧入大量海水而失敗。

　　從18世紀麥堅尼發現這個藏寶洞到現在，探索橡樹島寶藏的歷史已長達兩個世紀。但吉德的幽魂及他的藏寶洞，卻一直在和尋寶者們捉迷藏。二百多年以來，無數的尋寶者帶著他們世代累積起來的錢財，像打水漂一樣在奧克島旁的海水中輕輕劃了幾道弧線，就傷筋斷骨般悲慘離去，許多鮮活的生命也永遠留在了藏寶洞前，但這並不妨礙尋寶人的行動。

　　也有人認為橡樹島上的這個寶藏洞，也許根本不

是吉德埋藏的財寶。因為，不論吉德的航海技能有多高超，他也沒有能力建造這麼重大的工程。他們認為，這項規模宏大的工程，顯然是由專家和正規的專業技術人員所完成的。再說，從1795年發現的滑車和繩子的樣式來看，藏寶洞建造時期不會早於1780年。所以，又有一種觀點認為，這個藏寶洞的建造時期，可能是在美國獨立戰爭期間。

1778年，英國在紐約的駐防軍受到華盛頓麾下部隊的威脅。當時，英國總督手中握有駐美洲全部英軍的軍餉，可能出於安全考慮，他下令建造了一個祕密藏寶洞，而受命擔任這項工程任務的，可能是英國皇家工程隊的一支小分隊。因為，在這地區有能力建造這種祕密宏大工程的，只有英國皇家工程隊隊員。但也有人持反對意見，截至目前，沒有任何能證明英國陸軍在1778年前後遺失過一大筆金錢的記錄。如果真有此事，必將受到英國軍方的追究。

如今已有二十五個尋寶公司，因投入巨額資金最後

兩手空空而破產。在二百多年的反覆挖掘中，有的人仰天長歎知難而退，有的人鍥而不捨一意孤行，有的人傾家蕩產，有的人抱恨終生，有的人葬身海底，但沒有一個能夠如願以償。

經過兩個多世紀徒勞無功的挖掘，人們不禁要問：這個島上是否真的埋藏著巨額的寶藏呢？對這個問題，在取得最後結果以前，任何人都無法回答。但是，橡樹島對尋寶者的誘惑卻是永恆的。

也許，人們尋找的並非寶藏，而是一個永遠無法挖掘的祕密。

死海古卷

　　貝都因在阿拉伯語中意為「住帳篷的遊牧民」，位於死海的庫姆蘭地區。

　　阿狄布只是個貝都因族小牧童，像大多數貝都因族人一樣，他們家也是牧民，養著好多的羊群。

　　1947年3月，年僅十五歲的阿狄布為了尋找一隻迷失的羊，來到死海西北角一個叫庫姆蘭的地方。他一邊走，一邊四處張望著，當他抬頭時看到高處的懸崖絕壁上有一個狹窄的洞口時，這個調皮的小牧童就隨手撿了幾塊石子扔了進去。

　　突然，他聽到洞裡好像有東西被擊碎的聲音。於是他把小夥伴阿美·穆罕默德找來，兩人一同鑽進洞裡。

　　進洞之後，他們才發現裡面的沙土下有一些高身圓陶罐和一些破陶罐碎片。這兩個孩子急忙打開陶罐，但大失所望，因為裡面並沒有他們所期待的黃金和珠寶，而是一卷卷用麻布裹著的黑色發黴味的東西。

　　其中有十一幅卷軸用薄羊皮條編成，外面蓋著一層腐朽的牛皮。這些卷軸長3英尺到24英尺不等。他們把卷軸打開，發現上面密密麻麻寫滿了字。兩個孩子並不知道這到底是些什麼東西。於是，隨便拿了幾捆羊皮卷到耶路撒冷去賣，得到了一點錢。

　　事實上，這兩個孩子所發現的，就是後來被稱之為無價之寶的「死海古卷」。

　　死海位於耶路撒冷以東25公里和特拉維夫以東84公里處的約旦河谷南端，是世界上最低的內陸湖。死海的水具有全世界最高的含鹽量和密度，比一般的海水鹹十倍。

　　因此，死海一帶的空氣中，有著世界上含量最高能有鎮定作用的溴。這樣的空氣不僅是治療呼吸系統疾病

和進行日光浴的絕佳場所，也為古代人隱藏物品提供了最好的地點。

　　死海西岸是典型的沙漠地區，以色列人就是在這裡和上帝簽約的。近半個世紀以來，死海之所以一直備受世人關注，並非因為它是世界上最大的「床」，而是因為在死海的庫姆蘭發現了「死海古卷」。

　　起初，巴勒斯坦文物部的一位官員認為那些東西「不值一文」。可是幾經周折，這些東西在第二年輾轉到了耶路撒冷古城，聖馬可修道院敘利亞東正教大主教，阿塔那修・撒母耳的手中。

　　當他仔細研究了羊皮卷上的文字後大吃一驚。原來，這是幾篇最古老的希伯萊文《聖經》的抄本。

　　於是，他立即找到那兩個貝都因族男孩，要他們把山洞裡的羊皮卷都帶出來，然後全部買走。與此同時，耶路撒冷希伯萊大學的考古學家蘇格尼克教授知道了這個消息後，也設法從一個貝都因人手裡，購買到了三卷羊皮古經書。

　　那麼，這些古羊皮經卷是什麼時候被藏在這裡的？上面到底寫了些什麼內容呢？

　　美國約翰·霍普金斯大學考古學家威廉·奧柏萊博士在鑒定古卷的卷軸之後，認為其年代應在西元前100年左右。

　　而芝加哥核子研究所的專家們，把第一個洞中包紮稿卷的麻布碎片，經用碳14放射性同位素測試後，確定這些古經卷產生的時間是在西元前250年到西元68年間，距現在已兩千多年。

　　有人認為，庫姆蘭是猶太教艾賽尼派社團的集中居住地。

　　西元前1世紀，艾賽尼派因贊成彌賽亞運動，反對馬卡比王朝而受到迫害，紛紛逃至邊遠山區。

　　有些信徒來到庫姆蘭一帶，他們過著一種公社式的宗教集體生活，並收集和抄寫了大量的宗教文獻典籍。羅馬大軍進入巴勒斯坦後，為了避免受到迫害和擔心《聖經》抄本散失，就把它們裝入陶甕封藏在周圍懸崖

的洞穴中。

後來猶太人被羅馬人打敗後，艾賽尼派也遭到殺戮，庫姆蘭社團被徹底毀滅，此地成為一片廢墟。歲月流逝，那些存放在洞穴中的經卷也就湮沒於死海的荒漠之中，直到近兩千年後才被人發現，重見天日。

那麼，「死海古卷」的發現有什麼意義，它的價值又在哪呢？

首先，現在世界各國流傳的《舊約聖經》最古老的全集抄本，時間是在西元1010年。最古老的單卷抄本是在西元9世紀才確定的「馬所拉文本」。作為猶太教和基督教最重要經典的《舊約聖經》，在長期的口傳和傳抄中難免會發生一些錯漏和謬誤，而「死海古卷」中的《聖經》抄本卻從未經後世修改、增刪，保留了最古老的原來樣式，因此可以作為更權威、更準確的文本來對現行的《舊約聖經》進行校訂。

因為誰都知道，假如沒有權威的古文本為依據，任何人都不敢對《聖經》做任何改動。所以，世界上所有

的信徒們都企盼著將來能在研究「死海古卷」的基礎上，出版一種新的校勘本。

其次，由於「死海古卷」中有很多不同文字的抄本，對歷史和語言學家研究古代語言文字的發展演變是非常珍貴的。

還有，自古以來人們對猶太教艾賽尼派知之甚少，人們僅僅知道該派是當時猶太人中四大派別之一。

然而，這次發現的「死海古卷」中有大量關於艾賽尼派情況的材料、社團法規、感恩詩篇，還有他們描寫光明之子與黑暗之子戰爭的作品。這對以後瞭解和研究艾賽尼派的宗教思想和社團生活是非常珍貴的。

再有，「死海古卷」對研究基督教與猶太教之間的關係，以及兩者之間在教義、經典、儀式、組織形式等方面的聯繫也具有特殊的意義。

對研究古代西亞地區的社會生活、政治制度、經濟狀況、文化藝術、民族關係等許多方面，也都是極其珍貴的材料。

「死海古卷」裡有兩卷最為奇特的刻在銅片上的古卷。據傳，這卷銅片上記載的恰好是耶路撒冷聖殿寶藏的名稱、數量和埋藏的各個地點。

如果人們能夠準確地解讀這兩卷銅片，那就能找到人類歷史上，最具精神文化價值的那筆瑰寶——聖殿寶藏。

但因為這是兩千年前的古銅卷，所以發現時已嚴重銹蝕，有關人員不得不將它鋸開成條。萬分遺憾的是，銅卷被鋸成小條之後，再也無法完整地拼湊起來，以致人們至今尚無法識別寶藏的地點。

以色列政府在1969年撥鉅資在以色列專門建造了「死海文卷館」，來自世界各地參觀的人們，可以看到被置於玻璃展櫃中的極少古卷原件。但經過半個世紀的研究，一方面因古卷浩瀚繁雜，許多經卷還有待於進一步整理和研究。

另一方面，發現古卷時，它們歷經兩千多年的風雨，許多已支離破碎，現在學者還在竭盡全力地拼湊和研究

數以萬計的殘篇斷稿。因此，大部分「死海古卷」中的內容至今尚未公佈。

那麼「死海古卷」裡面到底有多少祕密呢？「死海古卷」的全部祕密什麼時候才能公之於世？目前，這一切都是未知數。

太平洋上的藏寶天堂

　　魯賓遜·克盧梭島是鑲嵌在太平洋上的一顆綠色明珠。它位於智利海岸線西部670公里處。整個島上全部被熱帶灌木叢林所覆蓋。茂密的叢林裡生長著六十多種不同的蕨類植物，形似樹木的蕁麻類植物四季常綠，被人們稱為「魯賓遜之傘」的闊葉植物樹冠，更是將灌木叢覆蓋得密不透風。過去，這個無人居住的孤島隨著魯賓遜·克盧梭的聞名，而成為海盜們聚會和藏寶的天堂。

　　1547年11月22日，西班牙船長胡安·費爾南德斯在途經太平洋時，發現了一個海上火山島。他根據天主教曆法把這個小島命名為「聖·賽西利亞」。一百五十多

年以後，英國著名「海盜學者」、以《新環球旅行記》而一舉成名的威廉‧丹彼爾，在1708年—1709年時，參加了伍德羅‧羅吉斯船長的考察隊，開始了他的第一次環球航行。

1709年7月，丹彼爾一行登上荒無人煙的「聖‧賽西利亞」小島時，他突然看見一個身著羊皮的「野人」。「野人」只會比手勢，一週之後才恢復了說話能力。丹彼爾驚訝萬分地發現這個「野人」過去曾在他的手下工作，是蘇格蘭人，名叫亞歷山大‧賽爾凱克。

當年，他們曾一起奉英王之命，在西班牙爭奪王位的戰爭期間數次劫掠法國和西班牙的船隻。這個「野人」說，1704年他因和當時的斯瑞得船長發生爭吵而被遺棄在島上，最後他憑藉驚人的毅力和旺盛的求生本能，在此生活了將近五年。

為了紀念小島的發現者西班牙人胡安‧費爾南德斯，從1833年開始，「聖‧賽西利亞」改名為胡安‧費爾南德斯島。後來，為了紀念那位曾在這裡生活過多年的

「野人」，這個小島又被更名為魯賓遜・克盧梭島。

從1940年開始，魯賓遜・克盧梭島突然變得熱鬧起來。因為一批批尋寶者，帶著大量古代文獻資料和現代化的開採工具來到這個小島，開始在島上各處日夜不停地挖掘。

他們在尋找什麼呢？原來，有人根據古代史料發現，二百多年前，英國海盜安遜曾在這個小島埋藏下846箱黃金和大量的寶藏。

喬治・安遜是一位被英國女王加封的勳爵，同時還是一個聲名顯赫的海盜。1774年，英國海軍部委託這名海盜去掠奪非洲南部西班牙帆船和殖民地上的財物。他所率領的中型艦隊由八艘作戰能力很強的艦船組成，這支海盜隊伍曾令所有過往的西班牙商船聞風喪膽。

當年，安遜就是把魯賓遜・克盧梭島作為他的大本營和避難所。他們每次對西班牙船隻實行搶掠，都是從魯賓遜・克盧梭島出發。而安遜最為成功的一次勝仗，是對西班牙運寶商船的搶掠。據說，他那次共搶得846

箱黃金和寶石，每箱重1300公斤，總價值高達100億美元，屬於歷代以來最為巨大的一筆海盜財寶。

由於安遜的「戰績」顯赫，這位大名鼎鼎的海盜，後來被英國女王收封為勳爵，從此飛黃騰達。可是，這麼冠冕堂皇的身分下，安遜只能玩味他那張當年畫下的藏寶圖，卻再也沒機會到魯賓遜‧克盧梭島來尋找那批黃金。而除了他之外，任何人又不可能找到那批黃金和寶石。

在他將那批黃金和寶石埋藏在魯賓遜‧克盧梭島上二百年之後的1940年，這個小島開始變得熱鬧起來。一批又一批各種身分的尋寶者帶著不知從哪得來的大量的文獻和史料來到魯這座小島，並開始搜尋那裡的每一寸土地，日夜不停地挖掘。然而，經過幾年折騰之後，這些人全都兩手空空地離開了。

轉眼又過了四十年，到了20世紀的80年代，魯賓遜‧克盧梭島上的一場暴雨再次點燃起尋寶者的希望火焰。

原來，暴雨在島上造成了土石流。雨過天晴之後，

有人在山谷中意外發現了裸露在外的許多銀條和幾粒紅寶石。於是，人們立刻聯想到是大雨把安遜當年埋藏的寶藏從高處沖刷出來散落在山谷裡。沒幾天，這個消息就像長了翅膀一樣傳開了。隨即，大批的尋寶者再次來到這個小島，但是這次他們又一次失望而歸。

十年之後，一位荷蘭裔的美國人貝爾納得不知為何對安遜當年埋藏的黃金產生了強烈的興趣。他從島上唯一一家名叫「阿爾達‧丹尼爾‧笛福」的旅店老闆娘那裡，獲得了有關「安遜黃金」的資訊，便立即開始搜尋，並自稱找到了當年埋寶深達七公尺的藏寶洞的確切地點。

智利政府有關部門也很快得到了這個消息，並立即發表聲明，稱這個島屬於智利領土，沒有智利政府批准任何人不得私自挖掘寶藏。隨後，他們和這個美國人開始了艱難的談判。最後雙方達成協議：假如他找到那846箱黃金，必須把所得寶藏的75％歸智利政府及魯賓遜‧克盧梭島上的居民，剩餘的25％歸他所有。

　　貝爾納得·凱澤的挖掘小組開始尋寶。他們用小型推土機等現代化挖掘工具在山頂上晝夜不停地開始挖掘，但地下除了石頭還是石頭，最後只好宣佈放棄。智利政府等待的利潤分成也泡了湯。

　　當然，這個美國人走了，並不等於別的尋寶者不會來。可以確信，在往後的歲月中，只要傳說中安遜的那846箱黃金不見天日，魯賓遜·克盧梭島就永遠無法安靜。

帝國遺寶

　　路易十六的金寶是尋寶史上最著名的財寶之一。關於他的財寶，眾說紛紜，莫衷一是。至於藏寶地點，至少有幾個地方，有的甚至不在法國，而在西班牙。據說，他的行宮羅浮宮曾埋藏著一筆價值超過20億法郎的財寶，包括金幣、銀幣和一些價值連城的文物。不過，流傳最廣的還是路易十六隱藏在「泰萊馬克」號船上的金寶。

　　「泰萊馬克」號是一艘噸位達130噸，長26公尺的雙桅橫帆船。這艘船偽裝成商用船，由阿德里安‧凱曼船長駕駛。1790年1月3日，滿載財寶的「泰萊馬克」號在經塞納河從法國里昂去英國倫敦途中，在法國瓦爾市

失落的歷史寶藏之謎
the Lost secret of the Ancient Treasure

的基爾伯夫河下游被潮水沖斷纜繩出事沉沒。

「泰萊馬克」號由一艘雙桅縱帆船護航，在港口受到革命者檢查時，曾交出一套皇家銀器。船上隱藏著路易十六一批金寶和瑪麗王后的鑽石項鍊。據推斷，這艘船上的財寶包括以下東西：

屬於國王路易十六的250萬法國古斤黃金（法國1古斤在巴黎為400克，各省為380克到550克不等。按這一標準計算，250萬法國古斤約合95萬～137萬公斤）；瑪麗王后的一副鑽石項鍊，價值為150萬法國古斤黃金；金銀製品有銀器以及朱米埃熱修道院和聖馬丁・德・博斯維爾修道院的祭典聖器；50萬金路易法郎；五名修道院院長和流亡大貴族的私人財產。

1774年，路易十六登上法國國王寶座時，法國封建制度已危機四伏，新興資產階級對束縛資本主義生產關係發展的專制政體日益不滿，國內政治動盪，社會極為不穩定。但就在這種情況下，路易十六仍然四處搜刮金銀財寶，過著十分豪華的生活。1789年路易十六召開

113

等級議會，要第三等級即資產階級和平民交納更多的賦稅，進而引發了資產階級革命。

傳說路易十六極為無能，1789年7月12日巴黎人民攻克巴士底獄的時候，路易十六直到晚上休息尚不得知，仍在日記上寫下：7月12日，天晴，平安無事。迫於無奈，路易十六表面上接受立憲政體，實則力圖絞殺革命。

1791年6月他逃到法國瓦倫，被群眾押回巴黎。9月被迫簽署憲法，但仍陰謀復辟。1792年9月路易十六被正式廢黜，次年1月被處死在巴黎革命廣場（即今協和廣場）。此後，路易十六的金寶便成為尋寶史上最著名的財寶之一。

這些財寶的確存在，這已得到路易十六心腹和朱米埃熱修道院一名修道士的證實。一些歷史文獻和路易十六家僕的一位後裔也認為，路易十六當年的確把這筆財寶藏在船上企圖轉移出國，而傳說中的財寶就放在「泰萊馬克」上。

　　據說，「泰萊馬克」號沉沒在基爾伯夫河下游瓦爾
市燈塔前幾公尺深的河底淤泥裡。1830年和1850年，人
們爭先恐後地企圖打撈這艘沉船。但是，在打撈過程
中，所有纜繩都斷了，結果船重新沉沒到水底。

　　1939年，一些尋寶者聲稱他們已找到了「泰萊馬克」
號沉船的殘骸，但沒有確切證據顯示，他們找到的就是
「泰萊馬克」號。

　　看來，要找到路易十六的寶藏絕不是一件輕而易舉
的事。

詭異金礦

　　1840年末，一位名叫伯蘭塔的探險人幾經艱險，深入美洲山區，發現了一處礦藏豐富的金礦。於是，他仔細作了標記，以便終生受用。從此，許多尋寶人一直想找出這處金礦，但很多人不幸葬身荒野。有些人則在途中慘遭印第安人的伏擊而身亡，在通往掘金的路上，障礙重重，充滿了恐怖的氣氛。

　　後來，有一位德國探險者華茲終於找到了這處金礦。他經常在山上待兩、三天，然後神祕地潛回老家，每次總會帶回幾袋高品質的金砂。知道這個金礦地點的還有他的兩個同伴，但後來他們全被神祕人殺害了。兇手是誰不得而知，大概和這座金礦一樣將成為永久的祕密。

　　1891年，華茲死於肺炎。臨終前，他畫了一張地圖，標明了這處金礦的位置。1931年，一位名叫魯斯的男子透過種種途徑弄到了一張不知真偽的地圖，於是他攜帶地圖，前去尋寶。結果，一去不返。6個月後，有人在山區發現了他的頭顱，頭上中了兩槍，死狀甚慘。

　　那麼殺手又是何人呢？1959年，又有3位探險者在這處山區遇害，兇手仍然不得而知。

　　無論如何，一定是金礦的知情人。他們試圖保留這不是祕密的祕密。然而，這一切仍然阻止不了一批批倔強的尋寶人。

　　探險者的身影、槍聲、響尾蛇、血腥、死亡、荒野的呼嘯，構成了亞利桑納金礦恐怖的色調，猶如籠罩在山區的迷霧使人混沌不安。

古墓幽靈

　　1960年深秋，歐洲各大報紙紛紛刊載了一件尋寶祕事：「在高溫下，六十五名大力士揮汗如雨，為了尋找藏在二百公尺深的塞提一世國王寶藏，而一位五十歲的阿拉伯富翁為此提供所需的全部資金。」塞提一世是何方神聖？這些人到底在尋找什麼樣的寶藏呢？一切謎團都吊起了所有人的胃口。

　　原來，塞提一世是埃及新王國時期第19王朝第二代法老，統治埃及長達二十七年。

　　塞提一世即位後，為解除利比亞人和東克赫梯人，幾個世紀來對埃及東西兩面形成的威脅，親自率軍東征西討，成功地消滅了兩個宿敵。因此，他把自己的統治

時期稱為「復興時期」。於是，四方貢品源源不斷地湧
進埃及，奉獻給塞提一世。塞提一世因此成為了埃及歷
史上最富有的國王。

1978年10月，德國埃連布赫特在埃及朋友阿里的陪
同下，帶領一個電視攝影組，參觀了塞提一世的陵墓。
阿里在墓室仔仔細細看了半天後說：「塞提一世的寶藏
就在這裡！這個寶藏要比圖坦卡蒙的寶藏還要大得多，
埋藏的珍寶也多得多！」在場人員個個驚歎不已，這不
是在故弄玄虛吧？要知道，開羅博物館所藏十萬件收藏
品中，有近七千件是圖坦卡蒙墓中的珍寶。

據一個強盜家族的後代阿里・阿布德介紹，貝爾
佐尼在帝王谷挖掘時，曾得到他曾祖父的幫助。他的曾
祖父是當時這個家族的族長。傳說他能夠準確無誤地感
覺到，哪棵樹下或哪塊巨石下埋藏著珍寶。

1817年，貝爾佐尼來到帝王谷尋找塞提一世的陵
墓。他在拉美西斯一世陵墓的入口附近，清除了一些石
頭障礙之後就憑自己的直覺，認為這裡有繼續挖掘的必

要。

　　於是，他命令手下的勞工們在此處揮汗挖掘。挖至地下六公尺深處時，勞工們碰上了塞提一世陵墓的入口。之後，勞工們繼續深挖，直到發現陵墓。阿里的曾祖父與貝爾佐尼一起下到地下數百公尺深的陵墓。

　　可是墓室裡除了一口空蕩蕩的鑲金雪花石膏的石棺之外，便什麼也沒有了。

　　顯然，該陵墓在古代曾被盜過。貝爾佐尼仍不死心，他打算鑿開墓室的牆壁繼續深挖，可是阿里的曾祖父再三向他強調，再挖也是勞而無獲，不會有其他東西了。無奈，貝爾佐尼只好將這口僅存的空石棺運到了他的第二故鄉——英國。

　　其實塞提一世的木乃伊並未被盜，這不過是塞提一世為防盜而修建的一座假墓。現在，真正的木乃伊仍完整地保存在開羅博物館中。它是由阿里的祖父穆罕默德兄弟三人於1871年在靠近「帝王谷」的沙克·埃爾·塔布里亞的一個山崖洞穴中發現的。第21王朝法老彼內哲

姆為了防盜，而將許多國王的木乃伊集中重葬在該洞穴中。十年之後，穆罕默德兄弟三人被捕，這些木乃伊遂歸開羅博物館所有。

在阿里家族中，至今還保存著他曾祖父留下的文字記載。文字記載最後說，當他本人看到墓室的牆壁及地面全由巨石所封閉，便斷定塞提一世的寶藏並未被盜而就在這裡，他騙了貝爾佐尼。

阿里補充說，這個祕密一代傳一代，他父親臨終前告訴了他。阿里以前也像他的祖輩一樣，曾是一位有名的掘墓大盜。而且，當時他還間接地參與了許多大宗盜賣文物的黑市交易。

1960年，他將這個隱藏了近半個世紀的祕密告訴了國家古文物部門，並且主動承諾承擔經費，倡議古文物部門尋找塞提的財寶。古文物部門接受了他的請求。在他們進行寶藏探尋的同時，媒體開始了大肆渲染的報導，於是就有了1960年歐洲各大報紙刊載的「尋寶祕事」。

阿里與古文物部門主要視察員阿布德‧埃爾‧哈飛茲以及數百名來自尼羅河西岸的工人，正在為探尋寶藏工作。半年以後，雇工們由墓室的牆壁開出一條只有80公分高、1.5公尺寬，但長達141公尺向下傾斜的隧道。雇工們只能彎著腰，用籃子往外運送岩沙。

　　隧道在一步步地往裡延伸，好不容易挖過二百公尺，古人鑿下的臺階也清理出了四十階。此時，雇工們被一塊巨石阻擋，另外有三塊深深埋在地下的四方大石塊墊在下面。

　　由於狹窄的隧道沒有迴旋的餘地，要撬開大石塊是不可能的；即使大石塊能夠撬開，也無法搬運出去。如採用爆破手段，那麼恐怕這條隧道也將毀於一旦，那更是前功盡棄，這讓挖掘工程陷入了絕境。

　　此時，阿里投入的資金已經用完了，而政府又不肯為此增加一塊錢，尋寶工程只好不了了之。在這以後，古文物部門的官員們提出了兩種猜測：其一，該隧道是不是用於存放塞提一世珍寶的倉庫？其二，建築陵墓的

工匠們是否故意用這些巨石封住了這個專門存放財寶的
墓室？其實最合理的推論是，要識破事情的真相，只有
繼續進行挖掘。

　　20世紀的60年代初的埃及正是大規模的考古挖掘時
代，所以，古文物部門的官員們說，他們還有許多事情
要做，此事只能暫時擱置。然而不管怎樣，他們錯過了
如此重大的機會，實為一件憾事。

海底淘金者

　　自從1849年美國加利福尼亞州北部發現了金礦，一陣瘋狂的淘金熱開始突然在全美盛行起來。淘金者們從遙遠的西部和東部千里迢迢地趕到加州。成千上萬的人在這裡翻地掘土，把泥土放在他們的篩子裡搖晃，不斷有新的人群被這種黃色金屬的光芒吸引過來。加利福尼亞每一寸礦地上，都發出過鋤頭敲打的聲音。

　　在淘金的八年中，淘金者倉促建立起來的暫住村莊中，一顆雞蛋價值10美元，一顆馬鈴薯1美元，一個圓麵包25美元，一張床位一個月租金500美元。

　　法律已經失去了它應有的效用，在一把鐵鍬和一個平底鍋就能一天賺得100美元的男人中，賭博和流血衝

突每天都會出現。

　　整整八年過後，一群群人帶著用血汗換來的黃金準備回家。他們再也不願意過這種殘酷而危險的日子。他們風塵僕僕地帶著他們的妻子、孩子，輾轉萬里，從三藩市搭船到巴拿馬，再橫越巴拿馬海峽，最後搭船前往紐約，從西海岸返回東海岸。

　　1857年9月10日，載運著這些淘金者的「中美」號汽船從三藩市出發了。

　　這艘小小的汽船竟搭載750多人，其中有423名淘金者，還有他們隨身攜帶的大批黃金。由於汽船嚴重超載，船體吃水太深，使航行的安全係數大大降低。再加上這一帶海域是著名的熱帶風暴多發區，隨時可能遇到風暴。

　　當這艘船離開巴拿馬港兩天之後，「中美」號汽船遇上了意料不到的災難。正當這些人還在高談闊論憧憬以後的幸福生活時，一陣突然來臨的狂風暴雨的襲擊了汽船，使汽船的船艙中部破裂，船體破開了一個大洞，

海水一下子就湧了進來，汽船開始無情地下沉。

　　不久，船上鍋爐的火也熄滅了，同時船帆也被強風吹斷，船的面前只有一望無際的大海，和翻滾咆哮的颶風。

　　人們都明白，死神已在召喚他們，這些人頓時陷入徹底的絕望中。

　　值得令人尊敬和讓後人們永遠敬仰的是，這些淘金者每一位都歷經了重重磨難才來到這裡，但在最後的生死關頭，他們卻勇敢而冷靜地保持了生命的尊嚴和高尚的品格。平時在小酒館裡顯得粗曠魯莽的淘金者，在生活中相互間為了一顆雞蛋、一顆馬鈴薯、一個麵包、一塊黃金打得頭破血流的他們，在這關鍵的時刻，展現了高貴的紳士風度。

　　他們把生還的機會給了婦女和兒童，把死亡留給了自己。

　　他們都身懷著大把大把的黃金，也知道只要闖過這一關，等待著他們的是豪華的別墅和享受不盡的榮華富

貴。但此時，與人的生命價值比起來，黃金已黯然失色，變成了一堆廢鐵。

對淘金者來說，他們當然是為了追求成功。也可以說，每個淘金者都渴望在成功中衣錦還鄉，榮歸故里。然而，還有比成功更寶貴的東西，那就是人的生存尊嚴和精神追求。

如果一定要以成敗論英雄，這些在回家路上「失敗」的淘金者，某些意義上，比榮歸故里的成功者更有權被人視為成功者，並享受應有的尊重。

就像1898年震驚世界的鐵達尼號上發生的悲劇一樣，汽船上的婦女和兒童大部分獲救。那些後來被經過這一帶海域的船隻救起的倖存者們，不斷地訴說那些淘金者的英勇。但遺憾的是，423名淘金者連同那些無法估量的黃金全部葬身海底。

每當後人對沉船上的黃金產生興趣，打算打撈時，人們都無法確定沉船的準確方位。所以這批加州黃金的下落，也成為不解之謎。

後來，尋寶專家史賓賽宣佈他找到了「中美」號沉船的地點。可是迄今為止，他已花了二十年時間尋找這艘滿載黃金的沉船。人們因他曾經打撈過幾艘在美國內戰中沉沒的船隻，而對他滿懷希望。可是至今，人們也沒有得到任何消息，顯示他已經打撈起這批黃金。

羊背上的金山

　　在歐洲移民到來之前，澳洲約有三十萬土著和托雷斯海峽居民。他們居住在澳洲的大部分地區。三百多年前，這裡是一片荒蕪的草原，只有當地的土著偶爾在這裡狩獵。

　　就像提到美國就會想起西部牛仔，提到中國就會想起旗袍和陶瓷一樣，提到澳洲，人們首先就會想到那裡幾近原始的土著和金礦，想到羊背上的金山——墨爾本。

　　1788年1月26日，在澳洲悉尼附近的波特尼灣，一支艦隊拋錨停泊，帶來了第一批移民：從英國監獄流放到這裡的刑事犯。他們成為澳洲最早的拓荒者。隨後，

移民們陸續來此定居，在青草茂盛的區域建立牧場，並將這裡逐漸發展成為一個小鎮。

1840年，在建築新南威爾士的一條公路時，一個戴著鐐銬的囚犯試圖把一塊擋在路上的岩石搬到一邊，卻意外地發現下面有一塊金子。

當他炫耀自己的發現時，別人很自然地懷疑他是把偷來的錶或鍊子熔化了。他受到了看守的鞭笞，並受到威脅，如果把他的發現告訴別人就會被處死。

當時，澳洲是英國用來流放犯人的地方，英屬殖民地當局並不願這些流放者知道金礦的存在。但後來，發現黃金的證據越來越多。

1848年，人們發現了更多的金塊。一個民眾代表團申請進行地質勘察。但政府以「不打擾公眾」為理由，拒絕了他們的申請。很快的，沉默突然被打破了。

1851年5月15日，《悉尼晨報》發表了一個叫哈格里夫斯的人，在巴瑟斯特附近的薩默河邊發現了大量黃金的消息，這則消息在當時引起了轟動。

哈格里夫斯是一個來自英國的鐵匠，原來在澳洲南部巴瑟斯特定居。1849年，美國南部的加利福尼亞發現黃金的消息傳遍全球後，他迅速變賣了在澳洲的全部產業，搭上一艘輪船前往美洲。在那裡，他發現內華達山脈金礦的山坡，與他澳洲家鄉的山坡地質構造驚人的相似。

據此，他認定澳洲山脈的岩石中一定也含有黃金。於是，他很快就返回了澳洲。

1851年2月12日，他在今天墨爾本西部一百公里的巴拉臘特發現了大金礦。消息傳來，墨爾本居民傾城而出，帶著衣物用品，爭先恐後趕往金礦區；全體員警除兩名奉命留守空城外，也都加入了淘金者的行列。

淘金熱迅速席捲全國，人群蜂擁而至。為了發財，商人們到世界各國用各種手段收羅勞動力，滿載淘金者的船隻使菲利浦港成為「桅杆之林」。

在接下來的七年中，這個本來人煙稀少、殖民化毫無進展的大陸來了一百多萬名淘金者，使澳洲人口激增

到將近二百萬。

各國的淘金工人夜晚住在帳篷裡，白天翻掘每一寸土地。他們動用了鐵鍋、籃子、臉盆、木桶等一切能用的器具，淘洗出一粒粒細微的金沙。繁重的勞動和艱苦的生活條件，導致了不少工人的死亡。英國殖民當局對淘金者的政治歧視和經濟壓榨，引起了工人們極大的不滿。

1854年10月，淘金工人組織了「巴拉臘特改革同盟」，提出一系列政治、經濟要求。

這次鬥爭雖遭鎮壓，但懾於工人的力量，殖民當局被迫給予淘金工人選舉權，並取消了掠奪性的「試採執照費」。

淘金工人的血汗為殖民者累積了財富，黃金海岸、墨爾本隨之迅速發展起來，1851年修建了全國第一條鐵路，1880年建造了古希臘式的議會大廈和國際展覽館。

這座羊背上的「金山」有幾個鮮明的特點：一是有很大的金塊，純度和規格是世界上任何其他地方都達

不到的。在這裡能挖到重量超過50公斤的金塊，在1858年甚至還發現過一個將近100公斤重的金塊。在此之前，人們甚至想不到世界上還有一個地方，能有這樣大的金塊存在。第二是其黃金的儲量和開採量十分驚人。據記載，在1852年11月的某一天裡，就有三艘輪船滿載七噸黃金開往英國。

值得一提的是，在巴拉臘特的淘金熱潮中，有大批華人湧向澳洲。在1857年前後，就有兩萬多名中國人遠涉重洋，到那裡去淘金。由於這一歷史的原因，華僑把美國的聖法蘭西斯科稱為三藩市，而把澳洲的墨爾本稱為新金山。

巴拉臘特的淘金熱剛剛平息，1892年，在澳洲西部的庫爾加迪又有新的發現吸引了全世界的注意。有消息說，那裡大塊的黃金簡直就像鋪在地上。農場主貝利和福特是最早的發現者，他們是為了追蹤偷牲口的賊偶然間發現的。有一天他們曾在地上撿起了將近15公斤的黃金。新一輪的淘金熱又開始了，世界各地的淘金者立即

趕赴庫爾加迪。

　　來自維多利亞的水手路易斯·拉塞特大約就在這個時候離開了他所工作的輪船，動身前往澳洲中部的麥克唐納山脈，渴望在那兒找到豐富的紅寶石沉積物。據他估計，麥克唐納山脈一直延伸到海邊，但他在灌木叢和無邊的荒漠中艱苦地走了四十多天，還是沒有看見海。他走到一座山脈的餘脈，舉目看見的除了山還是山，綿延數里除了紅色的山崖再也看不見別的什麼。

　　但幸運女神似乎格外中意他，在沒有賜予他寶石的同時，在別的方面給了他補償。有一天，他發現一堆石頭一條線地排得整整齊齊，看來好像是用於即將開工修築公路的。但仔細看過之後，他注意到石頭的顏色很奇怪，是綠的。同時他也看到這裡並不是在修路，而是這些石頭的構造天然就這麼奇特。

　　他取了幾塊石頭把它們劈開，發現裡面有細細的黃金層！他興奮地沿著岩峰跑了幾英里，直到這種岩石消失在地下。他發現的是一個真正的黃金國！但由於糧食

儲備不足，他花了許多天才在一名當地人的幫助下獲救，當他準備重返那個地方的時候，卻再也找不到原來的位置。

1931年，又有一支探險隊去尋找拉塞特黃金礁。他們在彼得曼嶺的溫特峽谷一個山洞裡發現了拉塞特的日記本。從這個日記本中，他們瞭解了拉塞特的最後一次尋寶歷程。

「我在石英礦圍上了籬笆，並在地圖上標明了黃金礁的確切位置，地圖在我的皮包裡，我把皮包埋在沙地裡了。在營地的火堆10英尺的地方，我的駱駝就是在那裡逃走的，我還在那兒留了一個馱墊。黃金礁的標記，有我名字和日期的牌子，以及其他的一切我都拍下了照片。我把三卷膠捲裝入一個空的5磅罐頭埋在沙丘裡了。」

他繼續寫道，在七十八天裡他很少能找到東西吃。他跟土著生活在一起，後來漸漸失明了。他最後的話是：「……吃熟無花果……一切都結束了。」死前幾

天，他還用刀在一棵橡皮樹的樹幹上刻下了一句至今無法解釋的訊息：「不挖地首尾夾擊。」帶著這些資訊，探險隊又在沙地裡尋找了幾個月，但依然一無所獲。

直到今天，有些尋寶者仍然對拉塞特的黃金礁念念不忘，搜尋還在繼續。其中有的人傾家蕩產，有的人失魂落魄，有的人至死還念著「黃金礁」⋯⋯也有的人像拉塞特一樣，為尋寶付出了生命的代價。

馬丘比丘之謎

　　1911年，美國耶魯大學研究拉丁美洲史的教師海勒姆，來到安第斯山考察。他的足跡幾乎踏遍大山密林中的每寸土地，後來，終於在離庫斯科西北122公里處的兩座峭峰之間，找到了傳說中的馬丘比丘城堡的遺址。

　　海勒姆對馬丘比丘進行了反覆仔細的勘測，他發現古城堡地勢險要，終年雲霧繚繞，十分隱蔽。城堡內既有道路、廣場、城門，也有宮殿、祭台。城內的所有建築幾乎都是用淺色花崗石砌成的，每一塊石頭都差不多有上噸重。有一座祭壇的一個祭台，竟然是用一塊100多噸重的花崗石板築起來的。城堡內還有許多用花崗石砌成的房屋，整個城堡充滿著撲朔迷離的情景。

關於馬丘比丘，到底有怎樣的歷史呢？

在西元15世紀中葉，秘魯利馬附近的一個土著印第安人部落，透過不斷兼併鄰近部落，建立起了一個奴隸制國家——印加帝國，它的首都建立在一個叫庫斯科的地方。

據說，印加人非常崇拜太陽神，他們看到黃金發出的光澤與太陽的光輝同樣璀璨，因此特別鍾愛黃金，千方百計地聚斂黃金。印加國的黃金多極了！他們國內所有神廟和宮殿，都使用了大量的黃金，大多數印加人也都佩戴黃金製品和收藏著黃金。

西元1525年1月，西班牙殖民者法蘭西斯科·皮薩羅，率領西班牙殖民軍，開始入侵美洲印加帝國。1532年，皮薩羅率軍攻佔了印加帝國的卡哈馬卡城後，設計讓印加帝國的皇帝阿塔瓦爾帕交出40萬公斤黃金來贖身。

阿塔瓦爾帕被迫答應了皮薩羅的要求，下令要國民向皮薩羅繳納黃金。可是，就在印加人忙於向卡哈馬卡

城運交黃金，眼看著巨量黃金就要落入皮薩羅之手時，心狠手毒的皮薩羅突然感到不滿足，他臨時變卦，出人意料地以謀反罪名，把阿塔瓦爾帕皇帝在卡哈馬卡城廣場給處死了。

皮薩羅處死了印加皇帝後不久，便攻進了印加帝國的首都庫斯科。他滿心以為這下子可以把印加人歷來聚斂的黃金全部掠奪到手了。然而，事與願違，皮薩羅率軍佔領庫斯科後，到處搜尋黃金，費了九牛二虎之力，也沒有看到用黃金裝飾的廟宇和宮殿。他只在庫斯科城近郊的一個洞穴裡，發現了一些黃金器皿和一些金子做成的螃蟹、蛇、鳥等珍貴的物品，但找來找去，也沒有找到像傳說中那麼多的黃金。

西元1533年前後，皮薩羅不知從哪裡得到一個消息說，印加帝國的大量黃金在阿塔瓦爾帕皇帝遭到殺害後，被一部分印加人偷偷地運到印加帝國「聖地」的的喀喀湖中隱藏起來了。的的喀喀湖位於秘魯和玻利維亞交界處的安第斯山脈中，湖面海拔高度為3800多公尺，

面積為8290平方公里，水深一般在20公尺以上，最深處達300多公尺，是世界上海拔最高的可通航的淡水湖。

自古以來，土著印第安人就生活在湖的周圍。據說，當時印加人帶著巨量的黃金和寶物到了的的喀喀湖後，便乘坐蘆葦筏向湖心划去。等到划了一段距離後，印加人就把帶來的所有黃金寶物都投進了湖裡。

皮薩羅得知這個消息後，在1533年12月派部下德爾圭羅和佩德羅，前去的的喀喀湖尋寶。他們到了湖上東尋西找，相繼找了七、八年，直到皮薩羅被暗殺而死，也沒有在湖裡發現巨量黃金的下落。

在皮薩羅之後的一些西班牙殖民者，瞭解到位於印加帝國首都庫斯科北面兩公里處有一個名叫薩克薩伊瓦曼的要塞，那裡的地道是印加人藏寶的傳統之地。他們猜測，印加的巨量黃金這次可能也被隱藏在那裡。於是，他們一次次到薩克薩伊瓦曼進行搜尋。

薩克薩伊瓦曼要塞建在一個山坡上，共有三道用巨石砌成的牆圍著，每道牆高18公尺。要塞一共有21個堡

壘和瞭望台。在山腰較高的一座平臺上有一塊堅硬的巨石，它是歷代印加皇帝檢閱印加部隊時的寶座。要塞裡還建有太陽神廟、王室浴池和競技場等各種建築。在要塞的中央聳立著一座圓塔式建築物，整個要塞就像迷宮一樣十分複雜。因此，西班牙殖民者每一次進入要塞都是碰壁而回。他們在這裡一次一次折騰，始終找不到地道的祕密入口處。

西班牙殖民者在薩克薩伊瓦曼要塞一無所獲後又聽人說：印加帝國的大量黃金和珍寶，也許隱藏在安第斯山脈中一個叫做馬丘比丘的神祕城堡中。於是，他們又轉而找起馬丘比丘。西班牙殖民者在安第斯山脈的群峰密林中出沒。但是，一直尋找了好久，也沒能找到馬丘比丘城堡的蹤影。

這就是海勒姆·賓厄姆找到的馬丘比丘的前世今生。海勒姆在古城廢墟中夜以繼日地工作。但是，令人遺憾的是，最終他卻未能如願以償地找到印加人隱藏的巨量黃金。

在海勒姆之後，又有不少世界各國的科學家，曾經
去馬丘比丘考察。不過，他們的運氣也並不比海勒姆好
到哪裡去。他們使用的手段雖然各不相同，付出的勞動
代價也大小不一，但是結果卻是一樣：誰也沒有在這裡
找到任何文字線索；對這座古城堡究竟建於何年，仍然
是一無所知。

　　至於說，這裡到底是不是果真藏有印加帝國的黃金，
那更是「謎中之謎」了。

湖光「寶」色

　　俄國「十月革命」勝利之後，1919年11月13日，沙俄海軍上將阿曆克賽・瓦西里維奇・哥薩克率領一支部隊，護送著一列二十八節車廂的裝甲列車，從鄂木斯克沿西伯利亞大鐵路向中國東北邊境撤退。

　　就在這趟戒備森嚴的列車上，裝載著沙皇的五百噸黃金。這批黃金都是沙皇從民間搜刮來的民脂民膏。

　　這隊人馬經過三個月的艱難跋涉，來到了貝加爾湖的湖畔，由於饑寒交迫，許多人死去了。哥薩克將軍發現鐵路已被徹底破壞，無法通行，只好命令部隊改乘雪橇穿過貝加爾湖去中國邊境。

　　冰面上積了厚厚的雪，在刺入肌骨的暴風雪之中，

五百噸黃金裝上了雪橇，在武裝人員的押送下，雪橇在八十公里寬的湖面上，像蝸牛一樣邊掃著積雪邊緩慢前進。

到了1920年3月初，貝加爾湖面上的冰突然出現了裂縫。據說，哥薩克的所有部隊和五百噸黃金全都沉入了水深一百多公尺的湖底。

事情過去十八年後，有一個生活在美國的沙俄軍官斯拉夫‧貝克達諾夫公開了身分，並對人說：「沙皇的這批財寶並沒有沉入貝加爾湖，而是早在大部隊抵達伊爾庫茨克之前就已經被轉移走，並且早已被祕密埋藏了起來。因為當時的形勢已很明朗了，大部隊不可能撤退到滿洲，不論從哪個方面來考慮，最好的做法就是把這筆黃金祕密埋在一個地方。當時我跟一個名叫德蘭柯維奇的軍官，奉命負責指揮了這次埋藏黃金的行動。我們帶著四十五個士兵，把黃金轉移出來之後，就把它們埋在了一座已倒塌的教堂的地下室裡。這件事辦完之後，我們把這四十五名士兵帶到一個採石場上，我和德蘭柯

維奇用機槍把他們統統槍決了。在返回的路上，我發現
德蘭柯維奇想暗算我，於是我搶先一步掏出手槍打死了
他。這四十六個人的死亡根本不會引起注意，因為當時
每天失蹤的人數都超過一百多人。就這樣，我成了現在
惟一掌握沙皇金寶祕密的人。」

　　1959，貝克達諾夫曾利用一次大赦的機會返回蘇聯，
並在馬格尼托哥爾斯克碰上了在美國加利福尼亞時認識
的美國工程師。但是此人始終沒有透露真實姓名，只用
假名叫約翰‧史密斯。

　　史密斯瞭解貝克達諾夫的情況，建議他共同去尋找
當年埋藏沙皇金寶的地方。於是他們在一個年輕女人達
妮姬的陪伴下，一起在離西伯利亞大鐵路三公里處的原
教堂地下室裡找到了仍然完整無損的沙皇金寶。

　　但他們只取走了部分黃金，隨後當他們開著吉普車，
正要通過格魯吉亞闖過邊境時，突然一陣密集的子彈掃
來，在彈雨之中，貝克達諾夫被當場打死，而史密斯和
達妮姬則扔下車子和黃金，驚恐萬分地逃出了蘇聯。

如今，這批沙皇金寶的線索又斷了。假如五百噸黃金確實沒有沉入貝加爾湖底，要找到它，還需要史密斯或達妮姬出來證實才能揭開謎底。

謎湖下的納粹寶藏

　　1945年4月，也就是第二次世界大戰結束前的最後幾天，居住在托普里茲深水湖附近的居民們驚訝地發現，全副武裝的納粹德國黨衛軍封鎖了托普里茲深水湖附近所有的交通要道，然後把一箱又一箱的神祕東西沉入湖中。

　　知情者說，那些成箱的東西是納粹德國從歐洲各國掠奪來的黃金珠寶、文物寶藏和機密檔案。從那以後，托普里茲湖底隱埋著納粹寶藏和祕密的傳聞不脛而走，也吸引了一批又一批的尋寶探險家前去冒險。吸引世人矚目的不光是神祕的歷史傳說，更主要的是發生在托普里茲深水湖真實的尋寶故事。

在這半個世紀裡，人們在托普里茲湖裡發現過以下財物：五十箱黃金、一本珍貴的集郵冊、五十公斤金首飾、五枚珍貴的鑽戒、部分從匈牙利猶太人手中掠奪來的藝術品、二十二箱珠寶、二十箱金幣和三箱沙皇時代的金條。

　　正是因為有了這些真實的故事，加上神祕的歷史傳說，世界各地的尋寶探險家們才甘願冒著生命危險，一次次潛入托普里茲深水湖中，許多人甚至因此丟了性命。為此，奧地利內政部下達了嚴禁在托普里茲湖尋寶探險的命令。外界紛紛猜測說，奧地利政府禁止別人尋寶是為了「肥水不落外人田」。更重要的是，沉入湖底的機密文件，可能會曝出奧地利政府二戰期間許多見不得人的內幕，甚至會曝光了奧地利現政府高官與納粹的關係。

　　1963年，三名潛水夫也想到托普里茲深水湖碰碰運氣，其中一名潛水夫不幸遇難。為此，奧地利政府下令嚴禁到湖中尋寶探險，三百多名森林保護區工作人員封

鎖了托普里茲湖，並且全面搜尋湖區附近的山地。

2003年6月的某天，一名自稱在南美某地看到過托普里茲深水湖納粹藏寶圖的神祕人物，對美國一家專業尋寶探險公司——「海洋工程技術公司」發了一份傳真。此人聲稱：納粹分子在戰敗前，先後在奧地利四個湖中隱藏了大量的黃金寶貝。那些納粹軍人在湖邊的岩石上炸開石洞，把無價之寶隱藏在洞中，然後原樣封上，或者把財物裝進特製的箱子，然後沉入百公尺深的湖底。至於他見到的藏寶圖，現在都已經不見了。奧地利多數專家對這份神祕的傳真都嗤之以鼻，就連美國「海洋工程技術公司」的發言人朱塔爾‧費爾曼也給狂熱者潑冷水說：「我們絕對沒把那份傳真當回事。」

然而，奧地利和美國的媒體卻掀起了一陣尋寶狂潮。奧地利的小報在7月5日紛紛打出醒目標題：「不管怎樣，一定有納粹神祕的黃金之說！」奧地利國家電視臺也開始每天報導現場情況。美國的哥倫比亞廣播公司則準備推出一個大型紀錄片。於是，托普里茲神祕的歷

史傳說再次被啟動了。

　　要想揭開托普里茲深水湖的歷史祕密絕非易事，湖周圍惡劣的自然環境和複雜的湖況，都大大限制了探祕行動的開展。

　　儘管托普里茲深水湖距離奧地利重鎮薩爾茨堡只有一百二十多公里，但直到今天，仍只能靠步行穿越一條崎嶇的山路才能抵達湖邊，要想把大型探測機械運到湖邊是極為困難的。而托普里茲湖一年中有六個月處於冰凍狀態，適合尋寶的時間因此十分有限。

　　此外，托普里茲湖寬為250公尺，長1800公尺，水深達103公尺，三面懸崖絕壁，另一面是上百公尺深的湖水，所以尋寶探祕活動只能在船上進行。更奇怪的是，湖面二十公尺以下居然沒有氧氣，這就進一步增加了湖底搜索工作的難度。

　　赫赫有名的美國「海洋工程技術公司」不但參加了舉世矚目的「鐵達尼號」沉船打撈工作，還參加過海上墜機的小甘迺迪的搜尋行動，並且取得了成功。為確保

這次徹底尋寶行動的成功，「海洋工程技術公司」動用了最先進的水下探測、搜尋設備與技術，其中最引人注目的是「黃蜂號」迷你型潛艇。

　　這種只能容納一個人的微型潛艇，可以讓潛水夫在水下滯留數天，一旦發現有價值的東西，就可借助其機械手把它撈進潛艇一個特製的籠子內，然後帶出水面。

跨國寶藏——山下奉文藏金

　　1942年，由於美國的強勢介入，日本戰事每況愈下。天皇於是號令將到處掠奪的財寶埋藏於菲律賓。為什麼埋在菲律賓而不是運到國內呢？因為當時美國在太平洋的封鎖，導致了日本無法順利運回大量寶藏。再則，當時菲律賓已被日本佔領，日本原打算協議停戰後仍保留對菲律賓的殖民性質，這樣就可以在風聲不緊的情況下，將寶藏運回國內。而這件事情便由大名鼎鼎的山下奉文來執行。

　　山下奉文是二戰時期的陸軍將軍，負責日本在菲律賓的藏寶工作。這些寶藏是二戰時期整個日本所有軍人掠奪的。1945年，日本在菲律賓也宣告投降，山下奉

文也投降了。由於在藏寶時期，山下奉文殺掉了很多具體的執行者，所以祕密被嚴格保護，只有美國人提前得知菲律賓境內有大量寶藏存在。藏寶曾被預估價值超過千億美元，以至於美國可以利用被挖掘出的黃金作為冷戰經費。

考古界通常認為分散在各處的埋寶點共有175處，這種說法的來源是山下奉文的司機被俘後的證詞，此人還親自帶領挖掘了12處藏寶點。可疑的是，這12個藏寶點雖然黃金巨量，但比起整個藏寶只是小菜一碟，山下奉文至死未透漏半句藏寶的口風。在以後的幾年內，美國陸續挖掘出價值幾百億美元的財寶運回國內。這時，另外一個貪婪之人出現了，就是菲律賓的馬可仕總統。

由於地利之遍，馬可仕大有收穫。這些挖掘出的黃金珠寶，都成了他的私有財產。每次變賣黃金，都會引起倫敦黃金交易市場的劇烈波動，這也引起了很多國家的注意。祕密不再是祕密，很多國家派出祕密小組深入到菲律賓境內及海濱開始尋寶工作。

1945年到1948年之間，在美國戰略情報局的祕密尋找下，價值約幾百億美元的黃金被運回國，沒有將其歸還給東南亞國家的受害者，而是分別存入了42個國家的176家銀行。其中瑞士聯合銀行日內瓦分行以「蘭斯代爾」名義，開出了一個擁有上百億美元的黃金帳戶。戰略情報局解散後，這筆巨大的財富被中央情報局接收，成為其帳面外資金，其使用和支配不受任何監督。

　　令人震驚的是，還有一部分黃金成為美國人的私財，其中最大的帳戶是以麥克阿瑟的兒子亞瑟·麥克阿瑟的名義在蘇黎世的瑞士信貸銀行開設的，黃金數目高達近百噸。而美國前總統胡佛在瑞士信貸銀行的私人帳戶上也有7.5噸黃金……這些寶藏大大增加了美國進行冷戰的資本。

納粹遺金──「大德意志之寶」

　　1945年4月，人們發現，有近1000輛卡車在轉移德國銀行的財產。這筆財產按當時的估價相當於3500億法郎。此外，還有大批首飾、金條、寶石、稀世藝術珍品，以及納粹頭子們的私人財產、教會財產，還有從義大利、南斯拉夫、希臘和捷克等國猶太人身上掠奪來的財產等。這就是著名的「大德意志之寶」，其總價值估計可達7000億法郎。這是在執行希特勒1945年大決戰前夕下達的命令：把當時還留在德國的所有財寶，以「國家財產」名義隱藏起來。

　　1944年底，當納粹德國在世界反法西斯武裝力量的聯合攻擊下即將徹底崩潰前夕，希特勒已在考慮把德國

政府的財產隱藏到安全的地方去，以便日後東山再起。這是歐洲歷史上一個戰敗國第一次隱藏自己的財富。

這批財寶有一部分已經找到和收回，其中主要是1945年5月隱藏在上奧斯一座鹽井底下的財寶，價值達100億法郎。隨後，又找回了祕密員警頭子卡頓布倫納隱藏在奧斯克里加別墅花園裡，價值10億法郎的財產，以及1946年埋藏在薩爾茨堡的總主教府邸地窖裡的赫爾穆特‧希梅爾子爵的財產。後來，在紐倫堡附近韋爾頓斯坦別墅的鋼筋水泥地窖裡，還找到了戈林元帥的部分私人財產：36座大金燭臺、一個銀浴缸、一批大畫家的名畫和極其罕見的白蘭地酒等。

1946年的一天，有一個曾經參加隱藏財產行動的前中尉弗朗茲‧戈德利奇透露說：「有一筆相當大的財寶埋藏在奧地利倫德附近」。他說：「我知道此事，因為我參加了那次行動。有30只貨物箱被俄國戰俘們埋藏了起來。不過，事情做完之後，他們就再也不會講話了，因為他們已經命喪黃泉！」此後，又有幾十人為了尋找

這些巨寶而死於非命。

　　1960年，成了以色列人階下囚、被紐倫堡國際法庭判處死刑的埃興曼，曾在布拉亞·阿爾默的高山牧場區埋藏了價值190億法郎的財寶。人們在富斯施克城堡附近的一個穀倉裡找到了1945年納粹黨衛隊頭子薩瓦德埋藏的兩個大箱子。在一個今天已成了屠宰場的混凝土地下室裡，發現了當年納粹德國外交部長的一個藏有黃金、外幣和珍寶的小藏物處。

　　也有人認為，「大德意志之寶」的主要財寶已多次轉移，其主要藏寶處分散在山區，主要是在奧地利加施泰因、薩爾茨堡、薩爾茨卡梅爾克附近地區。這些藏寶受到非常嚴密的監控，非熟悉內情的人看來是不大可能找到它們的。

　　還有人認為，主要藏寶點是在奧斯小城周圍。該城離薩爾茨堡的直線距離約60公里，處在兩個長10公里的湖的西南盡頭。奧斯在戰爭期間是納粹德國最後頑抗的據點之一，是希特勒在1945年擬定一個方案中的主要戰

略點。在紐倫堡審訊期間，人們估計有價值2億多馬克的財產被隱藏在奧斯地區。

　　1946年，兩名尋找藏寶者赫爾穆特‧邁爾和路德維格‧皮切爾帶著精確的平面圖走進了奧地利山區。可是不久，人們就發現了他們的屍體。在離兩具屍體不遠的地方，人們找到了幾處已經空空如也的埋藏財寶的祕密地點。這顯示，被尋找的財寶已經被謹慎地轉移到其他地方埋藏起來了。

　　1952年，有一個叫約瑟夫‧馬泰的野營者，在里弗萊科普山區神祕失蹤了。1953年5月，在里弗萊科普山區還發現過一具屍體和8個已經空了的藏寶處。

　　所有這些稀奇古怪的暗殺和失蹤事件明顯地表示，隱藏在奧地利阿爾卑斯山區的財寶，是被一些祕密的突擊隊嚴密控制和守衛著。這絕對是一筆相當巨大的財寶。因為，人們從一個當年被美國人逮住的德國嫌疑犯身上，找到了一份有納粹德國黨衛隊將軍弗羅利奇正式批示和簽名的如下清單：66億瑞士法郎，99億美元，

13.5噸金條，294顆鑽石和數萬件藝術品。

　　原聯邦德國政府和奧地利政府都在竭力尋找這批財寶。法國、美國、蘇聯和以色列的祕密機構也曾窺視這批藏寶。

　　因為，從法律上來說，各方幾乎都可以有權要求得到這筆財產。不過，誰也無法知道，這批神祕的「大德意志之寶」最後究竟會落到誰家之手。

「聖井」謎雲

　　奇琴・伊察在馬雅語裡是「水中之口的伊察城」的
意思。在距離奇琴・伊察城十五公里遠的地方，有兩個
天然泉瀑布，水從四十多公尺深處奔湧而出，形成兩眼
直徑達六十公尺的天然大水池。

　　令人不可思議的是，這兩個泉瀑儘管表面上看來沒
有太大的區別，但實際上卻是完全不同。一個池子水質
甘美、一個池子渾濁幽黑。馬雅人用其中的一個水池的
水灌溉農田和飲用，而把另一個奉為「聖井」。馬雅人
認為，雨神就住在這水池下面。

　　為了表示他們對雨神的崇拜，馬雅人在聖井邊用大
理石建造了一座宏偉壯觀的金字塔，即舉世聞名的庫庫

爾幹金字塔。此塔高30公尺，邊長55.5公尺。塔的四面各有91級臺階，四面共有364級，加上最上層的平臺，正好是一年的天數。

在馬雅傳說中，庫庫爾坎神又是羽蛇神的化身。在每年春分（3月21日）和秋分（9月21日）的清晨，陽光照射在金字塔東側時，人們便可以看到在金字塔的階梯兩側呈現出光和影組成的羽蛇圖案。它沿著階梯緩緩向下移動，像一條巨蛇從天而降，最後融入一片光明之中。

馬雅人對雨神極為崇拜，每到春季都要舉行盛大的祭獻儀式。在祭獻當天，國王都會將挑選出來的一名十四歲的美麗少女，投入這口通往「雨神宮殿」的聖井，讓她去做雨神的新娘，向雨神乞求風調雨順。在獻祭美女的同時，祭司和貴族們也把各種黃金珠寶投入聖井，以示虔誠。

在馬雅人突然消失得無影無蹤之後，傳說中的這口聚集著巨大寶藏的聖井，也漸漸被荒野叢林所湮沒。

19世紀末，有個名叫湯普遜的人試圖尋找這口「聖井」。此人並非等閒之輩，他曾連續二十五年任美國駐尤卡坦半島的領事，對馬雅遺跡的研究有著四十年的資歷。

　　1903年，湯普遜把神廟中發現的寶藏公諸於世。但是湯普遜雖然找到了離聖井近在咫尺的這個人造洞穴，也發現了一些洞中隱藏的珍寶，卻並未找到真正的馬雅人的聖井。

　　湯普遜後來公諸於世的資料，被一個名叫丹尼爾的法國人看到，他決心要去找聖井。1977年7月中旬丹尼爾來到奇琴・伊察。他和嚮導在此處勘查了十多天。後來發現了一大片荒蕪的密林和一條隆起的道路。

　　他們在密林中披荊斬棘，一步步向前深入，突然被一條巨大的藤條絆了一跤，爬起來時，他發現前面不遠處有一塊幾乎被野草完全掩蓋的石碑。丹尼爾意識到此處一定隱藏著祕密，他連忙撥開那些荒草和緊緊纏繞著石碑的爬藤，發現石碑上雕刻的是一個姑娘伸出雙手迎

接雨水。丹尼爾認為眼前的這座石雕，就是馬雅人的聖井遺跡。

為了以後繼續勘查，他馬上從口袋裡掏出筆記本想畫下一個大概的方點陣圖。就在他往日記本上做記錄時，突然聽到從遠處傳來嚮導驚恐萬分的救命聲。丹尼爾趕緊跑過去，原來，那個可憐的嚮導誤入了一片沼澤地中。待丹尼爾趕到時，泥漿已把嚮導埋到齊胸深，儘管他伸出雙手拼命掙扎，但只能眼睜睜沉入了渾濁的泥潭。

嚮導的死並未能阻擋住丹尼爾尋寶的腳步，他堅信自己終有一天會揭開聖井的祕密。據說，後來丹尼爾還真的掌握了那個聖井的祕密。但這個消息，不知怎麼傳到了美國的黑手黨「黑鷹」那裡。

1987年，「黑鷹」組織的頭目班傑明找到丹尼爾，並開價100萬美元試圖購下聖井的祕密。丹尼爾拒絕了，於是班傑明便綁架了丹尼爾。幾天後，班傑明和丹尼爾一行六人來到奇琴·伊察。當他們累得精疲力竭休

息時，班傑明卻掏出了槍對準其餘四個同夥中的一個叫布魯什的歹徒連開了四槍。原來，他想在找到寶藏之前一個個殺人滅口。丹尼爾明白，找到聖井之日，就是他自己的生命結束之時。

丹尼爾想到一個逃脫魔掌的計策。次日淩晨，他把那幾個綁匪領到一個間歇泉旁。然後，讓他們休息坐下來。原來，在1977年他單獨來時，曾有個當地的印第安人告訴他：這個泉的噴發，是有規律和徵兆的。每當它突然噴發之前，周圍岩石的縫隙會冒出一種白霧狀的水氣泡，用不了幾分鐘，滾燙的泉水就會突然噴發出來。

丹尼爾把這個印第安人的話銘記在心。果然，經過一段時間，丹尼爾發現縫隙間已冒出一絲絲白霧。他對班傑明說：「我要到山上那塊大石上去，判斷一下方向」。班傑明命令一個叫哈特的人負責監視他。丹尼爾說完便沿著陡峭的石壁向上攀去，哈特寸步不離。丹尼爾看準機會，猛然用力把哈特一腳踹下去。班傑明發現自己上當，當即掏出手槍，丹尼爾躲閃不及身中數彈。

與此同時地下一股股滾燙的水柱突然拔地而起，班傑明等人還未弄清楚是怎麼一回事，也來不及躲開就被滾燙的泉水吞沒了。

丹尼爾拼命爬上了崖頂，他知道自己的時間不多了，便用顫抖的手在日記本上寫道：「給人帶來最有誘惑想像力的是寶藏，給人帶來致命結局的也是寶藏。」

後來，有個美國考古學家在崖頂上發現了丹尼爾的遺體和日記本，但聖井中的寶藏始終沒有找到……

咒語裡的羅本古拉珠寶

馬塔貝勒人主要生活在今非洲南部辛巴威境內的尚比亞河和林波波河之間，精通冶煉金屬的技術，製出了許多金銀和財寶，羅本古拉是馬塔貝勒的最後一個國王。

這位國王擁有一支強大的軍隊，這支軍隊頻繁對外作戰，為羅本古拉贏得了大批財富。

羅本古拉的巨額財寶至今仍安臥在地下的一個神祕地方，對這筆財寶，許多探險家進行著十分頑強的努力，但由於惡劣的自然環境和某種神祕因素，羅本古拉的財寶至今仍未被發現。

19世紀末，歐洲的白人踏上了這塊土地，羅本古拉

以友好的態度接待了這批「遠方來的客人」。他把尋礦
的特許權送給了白人特使，允許他們在他的轄地內勘探
礦藏。

　　剛開始，尋礦特許權的獲得者，答應一旦得到在特
殊地區進行勘探的協議書和文件後，就付給羅本古拉國
王大筆現金。羅本古拉一開始以為他跟白人的交易是在
平等之下進行的，但不久他就發現，白人的欲望根本就
無法得到滿足。

　　1893年發生了馬塔貝勒戰爭，英國政府想乘機將羅
本古拉「監護」起來。十分聰明的羅本古拉在英國人這
項陰謀還沒有付諸實施以前，就攜帶著他的財寶，駕著
馬車踏上了艱難的生存之路。

　　跟隨他的，還有他的9個妻子、一個巫師、一個私
人顧問和幾名部落成員。他們想去尋找新的居住地點，
好遠遠躲開白人的騷擾，去過平靜的生活。

　　可是白人統治者始終不肯放過羅本古拉，不斷派出
小分隊來襲擊他，白人的目的很明確，一是想追回羅本

古拉帶走的那筆財寶，二是想透過控制羅本古拉本人，達到控制馬塔貝勒人的目的。

羅本古拉想擺脫白人的襲擊，便派出一名特使，帶著100英鎊重的黃金，前去跟白人談判，尋求和平。可是殘酷無道的白人卻把特使給殺了，連黃金也被搶走。

1894年，羅本古拉死於猩紅熱病。按照馬塔貝勒人的習俗，人們將羅本古拉生前積存下來的珍寶，作為陪葬品一同埋於地下。他的巫醫精心選擇了墓地，然後又讓軍隊防守在周圍，當埋藏工作完成後，便把挖墓穴的那些士兵全部殺死，葬在國王墓穴的周圍，繼續守衛國王的靈魂。

巫醫還下了咒語，詛咒那些膽敢挖掘盜竊國王墳墓的人。接著他又把知道墓穴的所有人帶到一個指定的地方，由其部落成員將他們全部處死。

到最後，知道墓穴確切位址的只剩下巫醫一個人了。英國在羅得西亞的代理機構決心要找到這一藏寶地點。但是，接下來卻發生了英國人跟當地的布林人之間的英

布戰爭，以致尋寶工作不得不停下來。

　　戰爭結束後，英國人接管了這一地區。有一個名叫李波爾特的英國少校，在詳細審查德國軍官的檔案時，發現了一個很細小的方形疊紙。打開疊紙，看到上面有一幅草圖、一些帳目表和一系列運輸費用，還有一些像是密碼的東西。

　　經過計算，李波爾特發現，圖上標明的地區並不在德國人的控制範圍。尤其令李波爾特不解的是圖上的那些密碼。

　　因為沒有別的可供參考的東西，他只好把這些東西放在一邊，準備等到能有一些更為詳細的線索之後，再來進一步研究。不久，李波爾特跟隨著斯馬特斯將軍參加了東非戰役。

　　巫醫死後，英國殖民者找到了他的兒子，想從他的口中得到有關羅本古拉財寶的祕密，但是他始終沒有開口，英國人便把他關進了監獄。他在監獄裡裝瘋賣傻，才在一個傳教士的保護下獲得了釋放。

第一次世界大戰結束後不久，李波爾特成為政府觀察員返回非洲領地。在東非戰役其間，李波爾特弄明白了上次沒有解開的密碼。

　　這個密碼，為找到羅本古拉的財寶提供了一些線索，他開始全面調查這筆財寶。李波爾特經過反覆琢磨，把藏寶地點限制在方圓30公里之內。李波爾特組織了一個規模不大的探險隊，並招募了一些當地的馬塔貝勒人充當搬運工和挖掘工。

　　可是當這些民工知道了他們要幹什麼的時候，就全都跑了。

　　也許是因為巫醫的詛咒，李波爾的尋寶行動遇到了許多難以想像的困難，但是李波爾並沒有放棄，3年後，他又一次來到了那個地方，這次他帶來了不同的魔法和護身符。

　　當第一次出現令人恐怖的信號時，他環繞著那個地方用這些護身符做了幾次儀式，來安慰他的隊員。但事故還是發生了，一個Y型深溝非常奇怪地出現了塌方，

壓死了10個人，誰也不明白這個深溝為什麼會發生塌方。同時，李波爾特也發現了自己有很嚴重的心臟病，接著又發燒臥床不起。

到了1934年，當李波爾特再一次準備去找寶時，新的麻煩又出現了。

因為他的行動已經公諸於眾，想要從中分成的人把他給包圍了起來。

葡萄牙人聲稱，因為財寶是在屬於他們的土地上，他們理應得到財寶的50％；德比爾斯礦產公司要75％，因為他們認為這些鑽石和金塊是從他們礦山上偷走的；倫敦教區社團要50％，因為這些財寶是屬於馬塔貝勒人的，而他們自認為是這個民族的託管人。

李波爾特認為，這麼多的公司來糾纏著他，這大概是那些神祕的咒語而來的，接下來要做的只有一件事，那就是把那些深溝填平，恢復原來的模樣。

可是，就在李波爾特毀掉那些圖紙，把那塊寶地平復如初的第二年，又有兩位德國人在柏林發現了一個德

國檔案，在那裡找到了與羅本古拉財寶有關的材料，他們沿著李波爾特的同樣路線到南非去尋寶。可是他們卻怎麼也無法找到李波爾特曾經到過的地方。從那以後，就再也沒有人發現羅本古拉藏寶的線索。

瀝青下的陷阱

　　1875年，一批歐洲殖民者根據前人的記載到北美海岸山脈的西麓，即美國加里福尼亞州洛杉磯附近來尋找石油，意外地獲得一塊化石標本，頓時喜上心頭．於是結合這裡的瀝青礦開採，有計劃地進行挖掘。一百多年來，在這個小小的瀝青湖裡，整理出數量驚人、種類眾多的化石清單：

　　1646條恐狼；2100隻劍齒虎；239條山狗；159頭野牛；30匹西方馬；76隻地獺；36匹駱駝；20多頭猛瑪象。還有棕熊、獾、鼬、狐狸、鹿類、松鼠以及其他小型哺乳動物和133種鳥類、爬行類、蟾蜍和舊石器時代晚期有人工刻劃痕跡的骨器。

在這裡，到底發生了什麼事情，為什麼有如此多的生物葬身於此，是不可言傳的宿命，還是不可思議的偶然？

　　一萬五千年前的一個拂曉，霧氣朦朧，雲煙繚繞，在晨風吹拂之中，像輕紗似的漫飄舒卷，四圍的山巒隱現於淡雲薄霧之間，山下是一片蔥綠的草地，露珠在草葉上滾動，雖是晨光曦微，卻也晶瑩耀眼．彷彿夜來的仙女把無數珍珠灑落在翡翠之上。山麓的樹林之內，不時傳來清脆悅耳的山雀雞聲，牠首先向這塊無人的原野報告了黎明。

　　草地上，過來幾隻駱駝和野牛，或在悠閒地漫步，或在津津有味地吃草。野馬不時穿過牠們的身旁，東奔西跑。恐狼睜開猙獰的眼睛，從林間竄出，貪婪地東張西望，正在尋找著「早餐」。

　　樹叢間，猛瑪象侵吞吞地舉步前行，用牠特有的長鼻探測開路，左右揮動，向草地走去，不時地還抖動自己的厚皮長毛，抖落背上的樹葉和腹部的泥塊。突然，

一陣呼嘯聲，好幾隻野獸從牠的身邊呼嘯而過，嚇得牠不明就理地也拔腿就跑。在驚魂未定時忙回頭凝視，原來在牠們的身後有劍齒虎、棕熊、山狗在追趕，這群兇殘成性的暴徒正要抓捕牠們來充饑。

在這緊張的片刻，樹獺和松鼠慌忙地爬上樹枝逃命，連快到嘴的果實也不敢多吃一口。野兔、蟾蜍及其他小動物聽到這一陣急促的奔跑聲，都迅速地找洞穴躲避，在草叢亂石之間，抱頭鼠竄，競相逃命。一陣驚慌的竄逃之後，猛瑪象、駱駝和野牛等得到一刻喘息的機會，才狼吞虎嚥地吃上一頓草料，而後找水來到瀝青湖旁。

瀝青湖位於綠草如茵的盆地中央，烏黑的表面在初升的旭口光芒下，反射出縷縷銀光。特別是陣雨初過，湖山如洗，這裡顯得更加生氣蓬勃，飛禽走獸往往不約而同來到湖濱聚會喧鬧。

盈盈的積水吸引著牠們。笨重的猛瑪象伸過鼻子去汲水解渴，第一口清涼的飲料流進肚底，頓時神清氣朗。牠仰天長嘯以後，往前跨越一步，企圖到湖中間再

痛飲一頓，沒想到前腳陷下去了。憑著牠在陸地上的經驗，藉著後腳用勁一蹬，想縱身爬起，不料狀況反而更糟，四腳全都躍進黏糊的瀝青湖內。雖幾經奮力掙扎，咆哮助威，都無濟於事，甚至比原先陷得更深。精疲力竭之餘，只得垂頭喪氣，等待著死亡降臨。可憐的駱駝和野牛也遭到同樣的命運。

誰也沒有料到，更殘酷的悲劇緊接著開幕了。翱翔於天空的鷹、鷲憑著那敏銳的目光首先發現了愁困在湖中的諸物，一聲鳴叫，劃破長空，牠拍動雙翅，斜衝而下，落腳在垂死的猛瑪象、駱駝或野牛的背上，立刻伸出尖銳的喙啄食受難者的頸背上的皮肉。在一頓飽餐之後，猛禽得意地展開雙翅，飛撲著準備起航，不料翅膀沾到了瀝青，不論再怎麼使勁鼓翅，企圖抖落，瀝青卻愈黏愈多，最後，成了獵物的陪葬品。

恐狼、劍齒虎、棕熊和山狗，聞聲而至，眼看湖內有那麼一大批豐盛的美餐，垂涎欲滴。牠們張開血盆大口，縱身一躍，敏捷地用匕首一樣的特有犬牙直刺獵

物，鮮血湧流而出，成塊的肌肉被扒了下來。為了爭食，牠們互相搶奪，各不相讓。結果有的四腳一滑，也掉進瀝青湖中，再用勁往上爬，無非是徒費力氣，求生的希望終於破滅，半身陷進「瀝潭」。

這許多性情暴戾的禽獸，曾是陸上飛揚跋扈的霸主，此時到了窮途末路，與牠們的獵物同歸於盡。

飛禽走獸，昆蟲蛇蜥，所有落在瀝青湖上的動物，都難逃滅頂之災。這個面積不過0.14平方公里的魔湖，竟成了可怕的天然陷阱。它詭祕地設置在北美海岸山脈的西麓，即美國加里福尼亞州洛杉礬附近的蘭喬來布拉，如今人們已將上述生態景觀復原，變成了洛杉磯市博物館著名的漢柯克化石公園。

隨著歲月的流逝，接踵而來的無知動物，年復一年地在此瀝青湖內遇難並掩埋。牠們的皮毛、肌肉雖已腐爛消失，而牠們的骨骼、牙齒、蹄爪、堅角卻成為無數珍貴的化石，紀錄了過去自然界的慘跡。其中有一處不到20平方公尺，深約3公尺的岩層中就採獲到6000件以

上比較完整的化石標本。

　　大約在五十年前，正值挖掘化石的高峰時，這裡曾挖過96個坑洞。後來，一個名叫阿倫・漢柯克的土地領主就將這塊土地捐獻出來，開闢為化石公園，並以其姓名命名此公園，將各坑洞進行編號。

　　現在，當地的管理機構正在設法將上述各種動物形象復原，陳列在博物館內供遊人參觀和研究之用。

希臘之殤──「瑪迪亞」號沉船

　　1907年，一位希臘的海綿打撈工人，在北非突尼西亞東部的瑪迪亞海的水深40公尺的海底，看到了像軍艦大炮樣子的文物。

　　從此開始，潛水工人們又在附近海底發現了很多雙耳陶瓶和青銅製品的碎片。

　　人們將打撈上來的文物向當時法屬突尼西亞的海軍司令官傑·拜姆海軍大將做了報告並被移交給官方。拜姆動員了潛水夫進行調查，其結果證明被看成海底大炮的文物並不是大炮，而是希臘浮雕的大理石伊奧尼亞式圓柱。

　　這個發現在歐洲的學術界引起了極大的轟動，為20

世紀初考古學調查的發展提供了一個很大的實習機會。

在法國海軍的幫助下，突尼西亞當局集中了希臘、義大利的一流潛水夫，從1908年到1913年共進行了五次調查。

對於距陸地六公里，海流非常急，對於水深40公尺的海底調查作業來說，技術上受到各種限制，而且沉船完全被埋在海底淤泥中，使挖掘作業極為困難。

沉船中，有最早報告說的像大炮的大理石圓柱，共六排，約六十根，還凌亂地散佈著柱頭、柱礎以及其他大理石的建築材料和雕像等。

雖然打撈上來了雙耳陶瓶等部分文物，但大部分遺物仍然留在了海底，調查最後沒有完成。

當時的潛水技術和調查方法不能繪製出能將船體復原的實測圖，也不能將船體打撈上來。

儘管如此，潛水工人們仍然打撈出了各種文物，並在海底淤泥的清除過程中，弄清了下面厚約20公分的木材堆積層和其分佈範圍，並確認了這是船的甲板，還瞭

解到打撈上來的遺物是甲板上的貨物。

在甲板下的船艙裡裝滿了大量的細小貴重品，在更下面的船艙中貯藏著很多大理石藝術品，其中主要有希臘雕刻家加爾凱頓（約生活在西元前2世紀）的刻有「波埃特斯」銘文的「海爾梅斯」青銅像和同樣大小的「奔跑的薩爾丘斯洛斯」青銅像、大理石「阿弗洛迪忒」半身像、牧神「波恩」的頭像等。

此外，還有燭臺、傢俱等日用品和希臘阿提加工精美的酒杯。其中帶有銘文的「海爾梅斯」像被認為是希臘時代著名的珍品。

據推測，這艘沉船是滿載羅馬從希臘掠奪的藝術品及其他貨物的大型運輸船。

船從雅典的皮萊烏斯港出航，在駛往羅馬的途中，向南漂流而沉沒。

該船長約36公尺，寬約10公尺，大概是無槳的橢圓形帆船。

從當時的造船技術看，似乎是為了運送想像不到的

沉重貨物而設計的。

其年代根據遺物的研究推定，在西元前2世紀末到西元前1世紀初。

據有關專家考證，該船屬於西元前86年征服掠奪雅典的羅馬執政官魯希阿斯·斯魯拉。當時，斯魯拉是羅馬共和時代的猛將，深得人民的擁護。

他在凱旋羅馬時經常帶回眾多的俘虜和戰利品向民眾誇耀，以求得狂熱的歡迎。

據說他在當時已獲得很多的戰利品，但為了掠奪，他又率領羅馬軍隊進一步侵入了有古希臘象徵的雅典。

他在那裡下令拆毀奧林匹亞的一座神殿，將大理石建材和雕塑裝上運輸船送往羅馬。有的史學家說，他打算用這些戰利品在羅馬復原神殿，以作為他的勝利紀念碑裝點城市。

據說這一船隊繞行到義大利半島與西西里島之間的墨西那海峽時，突然遇到風暴，其中一艘向西南方向漂

流至北非近海沉沒，在以後漫長的歲月裡安眠在海底厚
厚的淤泥之下。

　　估計至今仍有大批珍寶沉睡在海底等待打撈。

沉睡在海底的珍寶公墓

據統計，每隔29個小時就有一艘船隻葬身大海。這就是為什麼在幽深的海底，會有比人們想像的還要多的財寶。

在16世紀，每100艘從美洲殖民地運往西班牙去的金銀船隻中，就有45艘被海盜和風暴擊沉到了海底。直到19世紀初，被海盜和風暴擊沉的貨船仍達30%～40%。

每一艘沉船幾乎多多少少都帶有一筆財寶。海底沉寶最多的地方據說是在拉丁美洲北部的加勒比海。自1498年哥倫布第三次橫渡大西洋時到達這裡以來，被風暴和海盜擊沉的各種滿載金銀珠寶的船隻少說也數以千

計。

　　除了加勒比海外，南非的好望角海底裡也沉睡著數百艘各種沉船，其中大多數都是當年荷蘭人運載財寶的船舶。

　　黃海、澳洲大陸和塔斯馬尼亞島之間的巴斯海峽、智利、秘魯、委內瑞拉和巴西的沿海，以及西班牙、英國和美國南部的沿岸，也都是沉船較集中的海域。

　　在大西洋馬尾藻海附近的某個海底，存在著一個「珍寶公墓」。

　　據說，地球上1/10的黃金都沉沒在那裡，其中某些地方海深還不到30公尺。另一個「珍寶公墓」在古巴的貝爾穆德斯東南。第三個「珍寶公墓」在阿根廷的科里昂特角250海里的外海。第四個「珍寶公墓」在智利的奇洛埃島附近。第五個「珍寶公墓」在塞內加爾的佛得角（綠角）海底。

　　歷史上有名的一艘沉船是1643年沉沒在聖多明哥北

面的大型船舶「康塞普西翁的聖母瑪麗亞」號。

　　這艘沉船吸引著好幾代探險家，據說至今它仍沉睡在聖多明哥的普拉塔港東北163海里和特克斯群島東北98海里之間的海底中。

韓國海底基地藏寶

　　日本在第二次世界大戰期間，曾在侵略戰爭中從中國、朝鮮等處掠奪了大量的金、銀、珠寶等作為軍費，並在韓國的釜山市「赤峙灣」的海底建立了一個祕密的潛水艇基地，把它所掠來的財寶都藏在了這個基地中。據說，這批財寶按幣值計算，要值現在的韓元好幾兆。

　　1982年1月，當韓國人得知這一項消息後，韓國的主要大報用「釜山有日本祕密潛水基地」、「去尋找通往一攫千金倉庫的通道」等大標題，對此大肆渲染。在民間掀起尋寶熱潮。

　　據說，日本第122特攻部隊司令曾遺留下來4張祕密基地的地圖，在這些地圖中提到，這裡藏匿著幾十噸金

塊、150噸白銀，還有1600顆鑽石。

因為通往基地的入口處在韓國部隊的兵營內，百姓是無法進入的。1982年7月，韓國軍方在強大的社會輿論壓力下，決定向民間發放挖掘埋藏物許可證。當時公眾對挖掘這批金銀財寶持樂觀態度，可是挖掘了1年卻一無所獲。

韓國陸軍本部曾與挖掘業者圍繞著挖掘許可證問題展開了激烈的爭論。一個企業主聲稱，他在第一次挖掘許可證有效期過後一個星期，在軍營某地下10公尺深處曾發現了祕密基地的入口，但軍方不允許他再挖了。他只好於1990年3月10日又向「青瓦台」軍部提出申辦挖掘許可證的申請，但無人答覆。

異域流沙

　　1907年3月17日，俄國人科茲洛夫受沙俄皇家地理
學會委派，準備開始他對中國西藏、新疆等地的第4次
考察，他的考察重點是新近發現的敦煌莫高窟。在他之
前，英國人斯坦因已經從新疆古道趕往敦煌，進而成為
親眼目睹王道士發現敦煌祕寶的第一個歐洲人。

　　但是比之於個人探險性質的斯坦因，科茲洛夫的探
險有著政府強力支持。臨行時，他接受了沙皇賜給的3
萬盧布以及步槍、左輪手槍和子彈。沙皇俄國對他的這
次遠行慰勉有加，使多年後科茲列夫回憶起當時情景，
還十分激動與神往。

　　1908年3月，科茲洛夫一行抵達蒙古巴登札薩克王爺

駐紮地，即將進入荒漠。這一次，科茲洛夫記取了前人的教訓，努力與當地老百姓，特別是與代表清政府管轄這一地區的王爺搞好關係，對巴登札薩克王爺和土爾扈特達希貝勒等盛情宴請，代為請封，並贈送了左輪手槍、步槍、留聲機等禮品，終於攻破了曾經守護了多年的防線，得到了王爺所遣的嚮導指引，第一次到了朝思暮想的黑水城。

他們在黑水城逗留了13天(1908年4月1日～4月13日)，最後，他們將所獲得的佛像、法器、書籍、簿冊、錢幣、首飾等裝入10個箱子，共重約1160公斤，透過蒙古郵驛，經庫倫(今烏蘭巴托)運往彼得堡。

客觀地說，科茲洛夫的首次盜掘所獲並不算豐富，對他個人來說，更重要的是找到了黑水城遺址，雖然當時他很可能沒有意識到這一點，也許他是失望而去的。首次盜掘物運抵彼得堡後，俄國地理學會很快就作出了鑒定，因為其中，尤其是西夏文這種早已消失、無人能識的文字刊行或抄寫的書籍和簿冊，引起了敏銳的俄

國漢學家鄂登堡、伊凡閣等人的驚訝和重視。1908年12月，科茲洛夫收到了沙俄皇家地理學會要求他放棄前住四川的計畫，立即重返黑水城，執行「不惜人力、物力和時間從事進一步挖掘」的命令。

1909年5月底，科茲洛夫一行再抵黑水城，在與考察隊保持著「愉快的關係」的土爾扈特貝勒的幫助下，雇用當地民工，由俄人指揮，在城內城外各處重新踏勘挖掘。

起初並沒有驚人的發現，科茲洛夫本人則不僅「未正式參加挖掘」，「甚至連很有意義的發現物，也不曾登記在城市平面圖上」。如果體會他5月27日日記中的話──「時間是五點鐘，已感到天地炎熱，不禁想到在淒涼、死寂的黑水城我們，將如何工作」──可以感到他對這次重返挖掘並非一開始就充滿信心。

然而，奇蹟出現了。6月12日，他們打開了西城外一座高約10公尺，底層面積約12平方公尺的「著名佛塔」，呈現在眼前的竟是層層疊疊的多達2萬4千卷古代

藏書和大批簿冊、經卷、佛畫、塑像等等，無怪乎後來俄國人聲稱簡直找到了一個中世紀的圖書館、博物館！

　　他們在因此次挖掘後名聞遐邇的佛塔內整整工作了9天(1909年6月12日～6月20日)。取出文獻和藝術品運往營地，大概分類打包後，以四十峰駱駝裝載數千卷舉世罕見的文獻與五百多件精美絕倫的藝術品，踏上了西去的歸途。極具諷刺意義的是，持「友好態度」的土爾扈特貝勒帶著自己的兒子及全體屬官，騎著高頭大馬來為他們送行！

　　今天人們已經知道，這2萬多卷中國中古時期的珍藏，是繼殷墟甲骨、敦煌文書之後，又一次國學資料的重大發現。如果說15萬片甲骨卜辭的發現，把中國有文字記載的信史提前到了3000多年前的殷商時代，敦煌數萬卷遺書重現了從西晉到宋初傳抄時代卷軸裝書籍多姿多彩的風貌，那麼黑水城出土文獻則在時間上延續了敦煌文獻，展示了遼、宋、夏、金、元，特別是西夏時期的文化資源。它們中絕大部分是西夏文文獻，內容包括

語言文字、歷史、法律、社會文學、古籍譯文以及佛教經典等；其餘則為漢文文獻，有直接從宋、金傳入西夏的書籍，有西夏刻印抄寫的書籍，還有不少宋、西夏、元時期關於官府、軍隊、百姓的檔案、文書；此外還有一些藏文、回鶻文、波斯文等其他民族的文字資料。黑水城出土文獻具有極高的文獻價值和版本價值，然而從它們再現於世的第一天，便淪為外國探險家的囊中之物。

　　1909年秋天，科茲洛夫盜掠的黑水城珍寶運抵彼得堡。如今，全部文獻藏於俄羅斯科學院東方研究所聖彼德堡分所。相關藝術品則藏於國家艾爾米塔什博物館(冬宮)。

海底寶石城

　　1782年6月15日，三桅大帆船「克洛斯維諾爾」號離開錫蘭（現在的斯里蘭卡）港，鼓著滿帆在煙波浩瀚的印度洋上航行。

　　8月4日，當航行到非洲東南角沿海時，一陣強勁的風暴把船吹向海岸。帆船在風、浪和潮水的共同作用下，迅猛地向著懸崖峭壁衝擊。儘管船長採取了應急措施，還是無濟於事，木船被撞得粉碎。134人倉皇跳入大海，掙扎著上了岸。不久，這艘千瘡百孔的帆船，便帶著巨額的財寶和幾個未能上岸的水手，葬身海底，遇難地點距離好望角約507海里。

　　一部分登岸的水手情況也不妙，因為岸邊是荒無人

煙的熱帶森林，生存是很困難的。他們為了戰勝死神，分成三個小分隊在山林中求生，用野菜充饑，希望能向好望角靠近，以求生計。但是，不幸的是，一些人又死於野菜中毒，另一些人死於野獸之口……到達好望角時，只剩下六個倖存者了。

事後，他們把海難經過和叢林歷險寫成書，流傳於世，引起轟動。但是，最使人們感興趣的卻是那船上的巨額財寶，它吸引著一批又一批的尋寶者前往尋覓。

二百多年以來，渴望得到「克洛斯維諾爾」號沉船上巨額財寶的人，始終沒有停止過他們的海上尋寶活動。因為這個傳奇式的海難事故中所提到的財寶之多，實在太吸引人了。請看下列清單：金剛石、紅寶石、藍寶石和翡翠19箱，價值51.7萬英鎊；金錠，價值42萬英鎊；金幣，71.7萬英鎊；白銀1450錠。

1787年，人們首次對沉船進行搜索和打撈，但因找不到沉船的確切位置，不得不以失敗告終。

1842年，一位船長與十位馬來西亞潛水夫合作，在

沉船海域尋找了十個月，終於幸運的發現了沉船殘骸，並踏上了沉船甲板，但未能掀起沉重的貨艙蓋。他們向英國皇家海軍求助，也由於當時潛水技術的落後而無能為力。過了不久，沉船漸漸被泥沙掩埋了。

到了1905年，一些水底尋寶者雇用了一批打撈的人，組成「克洛斯維諾爾號打撈公司」，前去勘查，用鑽機取樣法找到了沉船。在鑽取的泥芯中有發現了250個古錢幣，並從船上層甲板上取下了十三門大炮，總算是有了不小的收穫。但埋藏在深處的財寶，由於人不能長期潛入水下作業，因而無法尋得。

1921年，又有人組織「打撈公司」。這次打撈規模影響都超出了以前的打撈。由於發起人曾是一位陸上黃金採礦者，熟悉礦井隧道開鑿方法，於是他準備從岸邊開鑿隧道通往海底，在船底打洞撈金。

在足足花了三個月時間，經過艱苦的鑿岩作業後，才在40公尺深處開鑿了一條210公尺長的隧道，經測量，終點正好在沉船底下9公尺深處。當向上開鑿時，

還未接觸船體，比較鬆軟的海底沉積層塌陷了，海水湧進了隧道，人們根本無法作業。

曾有一名勇敢的潛水夫進洞，摸到了木質船底，但潛水夫因無法在水下久留而無法撈金。隨著時間的流逝，隧道也塌崩堵塞，巨額開支沒有得到補償，結果「打撈公司」破產了，沉船也漸漸消失了痕跡，連最後位置也無人知曉了。

幾十年過去了，一些人尋找海底沉寶的夢並沒有破滅。然而，「克洛斯維諾爾」號現在究竟在哪裡呢？它上面究竟有沒有如此巨量的財寶？這些財寶是否已有人偷偷地撈走了？這對渴望尋寶的人們來說，仍然充滿著謎。

可哥島上的珍寶

　　在南美解放戰爭後期，西班牙殖民者開始轉移他們積存在利馬的財產。自從1535年西班牙殖民頭子法蘭西斯科·皮薩羅佔領秘魯直到1821年秘魯獨立，利馬就始終作為南美西班牙殖民地總督的駐地，當年，殖民軍到處大肆殺害印第安人，並從他們那裡搜刮了大批金銀飾物，聚斂到利馬，然後定期裝船運回西班牙。所以，利馬號稱富甲南美洲，甚至吹噓連路都是由「金銀鋪砌而成」。

　　在後來的戰爭中，科克倫勳爵在海上擊潰了西班牙人的三桅戰艦「埃斯梅拉達」號和其他幾艘戰艦。聖馬丁將軍英勇善戰，也很快就逼近利馬城下。

失落的
歷史寶藏 之謎
the Lost secret of the Ancient Treasure

　　龜縮在利馬城中的西班牙達官貴族們惶惶不可終日，紛紛準備逃離利馬，再也沒有了往日的威風。當然，他們捨不得把多年來掠奪到的財寶丟掉，至少也要把能帶走的東西帶走。

　　但是，當時只剩一條海路可以逃出利馬，而可以橫渡大海去西班牙的，就只剩下愛爾蘭船長湯普森的一條富麗堂皇的雙桅橫帆帆船「瑪麗・迪爾」號了。

　　而且，湯普遜這時也準備起錨以避開迫在眉睫的最後決戰。於是，利馬的西班牙達官貴族們不惜用重金租下了「瑪麗・迪爾」號帆船。

　　在「瑪麗・迪爾」號滿載著乘客和貴重物品開船後，湯普遜船長決定不將此船開往預定的目的地—加的斯(西班牙港口)或任何其他西班牙港口。

　　其實，湯普遜原先並沒有這個想法，但是他被裝在自己船上的這些無法估價的財寶，弄得完全神魂顛倒了。

　　原來，船上的珍寶財富，是那些殖民者整整花費了

兩天的時間，把城裡幾乎所有能帶走裝上船的貴重物品，其中有屬於私人財產的杜卡托(威尼斯古幣)、也有金路易(法國古金幣)、皮阿斯特(埃及等國古金幣)、首飾、珠寶、金銀餐具，以及教堂裡的各種聖物盒、金燭臺和祭儀用品，還有珍貴圖書、檔案和藝術珍品等。

當湯普遜下定決心私吞這些金銀珠寶時，他駕駛著帆船徑直朝北駛去。一天晚上，他終於在自己船員們的協助下，殘酷地把船上的乘客統統殺死後扔進了大海。

「瑪麗‧迪爾」號從此成了艘名符其實的海盜船。經過一番考慮，湯普遜決定將船開往可哥島。這主要是因為幾個世紀以來，可哥島與世隔絕的地理位置，成為南美洲海盜們一個頗有吸引力的避風港，而且有助於擺脫任何海上監控和追蹤。

湯普遜和他的船員將船上的主要財寶小心翼翼地埋藏在可哥島之後，毀掉了「瑪麗‧迪爾」號帆船，與船員們分乘小艇去了中美洲。

在那裡，他們謊稱在海上遇到了無法抗拒的狂風暴

雨，船觸礁沉沒了。但是，儘管湯普遜大肆宣揚了很久，他的同夥們還是在酷刑下供出了實情，他的海盜行為被完全識破了，他自己也受到了應有的懲罰。

湯普遜在臨死前也許為了擺脫良心上的譴責，決定向一位牧師基廷透露可哥島上的藏寶祕密，他給了基廷一份平面圖和有關藏寶的位置的資料。

基廷按照湯普遜所說的，先後3次登上可哥島，帶回了價值5億多法郎的財寶。

但是「瑪麗·迪爾」號船上的主要財寶卻始終沒能找到。後來，基廷又將可哥島的祕密告訴了好友尼柯拉·菲茨傑拉德海軍下士。

不過這位海軍下士太窮了，沒有錢能找到船，所以一直無法去可哥島。

菲茨傑拉德臨死前，將自己知道的藏寶情況告訴曾經救過自己性命的柯曾·豪上尉。不過，柯曾豪上尉也是由於種種原因，沒有去成可哥島。就這樣，有關可哥島上藏寶的資料年復一年地遺贈著、傳遞著，後來還被

盜竊過、交換出售過，然而可哥島上的藏寶卻始終沒有被發現。直到20世紀，在澳洲悉尼的「海員和旅遊者俱樂部」裡，保存著一封菲茨傑拉德根據基廷提供的情況，寫成的一份資料被人發現了，描述了幾名尋寶者潛入水中，卻一無所獲的經過。

1927年，法國托尼・曼格爾船長從悉尼「海員和旅遊者俱樂部」複製了這份資料。

他帶著這些資料，曾於1927年和1929年2次去可哥島上尋找藏寶，但無獲而終。

後來，托尼・曼格爾發現，湯普森標出的有關藏寶位置的資料是錯誤的。湯普遜是在1820年埋藏這筆財寶的，他當時用的是一個八分儀，這種八分儀在1820年就被回收不再使用，因為它有很大偏差。

托尼根據1820年到1823年的航海儀器資料校正了湯普遜的資料，根據校正過的資料，托尼認為，湯普遜的那筆財寶應該就埋在希望海灣南邊和石磨島西北邊的海下。

　　托尼曼格爾在那裡還確實找到了一個，在退潮時有
近一個小時裡可以進入的洞穴，然而，由於他「犯了一
個嚴重的錯誤」，就是「獨自」一人去可哥島。而那個
地方，水流特別湍急。正當他在水中竭力排除洞外雜物
時，越來越多的水湧到了洞口，差一點把他淹死。

　　他拼命掙扎了半天，總算回到了岸上。他以為「這
是對藏寶尋找者的詛咒」，於是從此再也不敢去那裡冒
險了。

　　隨著時間的推移，有關可哥島藏寶的資料越來越多，
而且都自稱是可靠的資料。美國洛杉磯一個有錢的園藝
家詹姆斯‧福布斯擁有第三份平面圖。

　　他曾經帶著現代化的先進器材去過可哥島5次，遺憾
的是，最終一無所獲。

　　皇天不負苦心人，1931年一個比利時人叫貝爾曼，他
根據托尼‧曼格爾的資料，在希望海灣找到了60公分高
的金聖母塑像。這尊聖母金像被貝爾曼在紐約以11000
美元的價錢賣掉了。

但除此之外，當年利馬城裡的無價之寶依舊暗無天日，也許它們仍然沉睡在可哥島上某個神祕的角落。只有展翅雄鷹的銳利目光才能透過島上謎一般的「紅土」和「黃沙」，看到這筆藏寶尋找者們的夢中之寶！

最幸運的尋寶人

　　美國的威利阿姆・費布斯可以說是世界上最初發現海底財寶最幸運的人了。

　　據說他1651年生於緬因州的鄉村，當過造船工人，也做過海盜及販賣奴隸的勾當，雖然沒有受過正規的教育，卻透過自學精通了航海知識，知道了在一些海域裡，曾有裝滿大量珍寶的船沉沒，所以他開始對海底尋寶產生了興趣。

　　為了把自學得到的知識有效地用於海底探查，他先製造了一艘小船，自任船長。

　　在一次去西印度群島的航行中，他無意中聽說在這一帶海域，曾沉沒過裝有很多貨物的西班牙船隻。

關於這些沉船雖未留有確切的記錄，但根據傳聞，在17世紀中葉，裝載有從印加掠奪的財寶的西班牙帆船在此沉沒。

於是，他決心探查這些「巴哈馬附近的黃金船」上的財寶。

他為尋求支持者來到英國，榮幸的獲准拜見國王查理斯二世，在他對西班牙沉船事故的大肆渲染下，使查理斯二世也相信在這些沉沒的船隻裡，藏有巨額的珍寶。

威利阿姆·費布斯幸運的被允許租借海軍的「洛茲」號護衛艦作為探查的工作母船。

1683年，他指揮「洛茲」號在古巴島北部巴哈馬群島海域對沉船進行調查，由於未發現沉船而決定返回英國，以圖東山再起。當他再次出海尋寶時，雖然沒有得到英國皇家方面的支援，但找到了另外幾位贊助者，並設法弄到兩艘200噸的船，配備了特別潛水設備，重新組成了探查隊。

這時，他從乘船由西印度群島來的旅客那裡瞭解到，自1642年就杳無音訊的西班牙船隊中，最大的船沉沒在伊斯帕紐拉島海域。

於是，探查船重返巴哈馬海域。他讓潛水工人們仔細地淵查了目的地海底的礁石和裂縫，結果在1687年發現了一艘覆蓋在珊瑚下面的黑色船體，這一船體傾斜的甲板就有十幾公尺長，它的深度已到了當時潛水作業的極限。

這時，仍然使用的水面供氧式潛水設備，長長的呼吸管極大地妨礙了潛水夫的自由，即使確認了財寶位置，其打撈作業也是十分困難的。

為了使打撈繼續進行，費布斯在深處利用了潛水球等設備。幾星期以後，成功地打撈上來了金條、銀條。他們用船裝載著27噸財寶得意洋洋地返回倫敦。

打撈上來的財寶除分給贊助者、船員、潛水夫之外，由於當時的習慣上，會將發現的十分之一財寶歸皇室所有，所以首先拿出3萬英鎊奉獻給英國國王。費布斯因

此被授予爵士稱號。

　　他帶著分到的16000英鎊返回美國，於1692年被任命為首任馬薩諸斯州的州長，後來移居倫敦，於1695年44歲時死去。

　　費布斯成功的消息在歐美廣為流傳，他不僅刺激了海洋探險熱和冒險精神，同時，使搜尋海底寶物以發財的願望，形成一股不斷高漲的風潮。

復活幽靈船

　　1622年9月4日，一支運輸艦隊從古巴的哈瓦那港出發。這時正值颶風的高峰季節，所有船隊都不敢貿然出行，但艦隊所載的貨物——新大陸的金銀財寶和農產品，卻是西班牙國內急需的。因此，艦隊司令決定冒這一次險。

　　在艦隊的二十八條船中，有一條630噸重的帆船「聖瑪格麗特」號。在它的艙單上整齊地標明裝有19塊銀錠，11.8萬枚銀幣，還有34根金條和一些金盤，共計1488盎司，以及銀器、銅錠、菸草。船上十四名旅客都帶有各自的珠寶，同時船上還藏有大量的走私黃金和白銀。當「聖瑪格麗特」號離開哈瓦那時，它根本算是一

209

座浮動的寶庫了。

　　艦隊是在晴朗的天空下出發的，日落時他們到達東去的方位，然後轉向北方趕上墨西哥灣流，一切似乎還算順利。然而，在夜裡，一股未預測到的颶風進入了佛羅里達州，漸漸逼近艦隊。在夜色掩護下，颶風沒有被人們發現。

　　第二天，在初升的陽光照耀下，人們的視野逐漸清晰了起來，海面上呈現一派令人恐懼的景象：巨浪怒吼著沖向佛羅里達暗礁，騰空而起，飛濺到遠處的淺灘。「聖瑪格麗特」號船長驚慌的向四周張望，發現它的姊妹船「亞特查」號正在浪濤中掙扎。就在他看到它的一剎那，那艘船沉沒了。這時，彷彿受到了「亞特查」號的蠱惑，「聖瑪格麗特」號也劇烈地震動起來，迅速地衝向淺灘。船上的人在巨浪把船擊碎的同時緊緊抓住船上的欄杆和柱子，希望萬能的上帝能夠收起祂的震怒，對他們懷有些許的仁慈。

　　但是，當颶風離去，大海恢復平靜時，只有六十八

名倖存者在沉船的殘骸中漂浮。他們大多數被經過此地的船隻救起，其餘的一百二十多人全部失蹤。颶風在五十海里長的航線上摧毀了八艘船。其中的兩艘，「聖瑪格麗特」號和「亞特查」號均沉沒在佛羅里達淺灘。

1626年6月初，一個叫梅連的西班牙官員帶著水手來到佛羅里達尋找這批寶藏。一天，梅連的水手用一支銅潛水鐘，發現「聖瑪格麗特」號上的主要壓艙物。接著，這些打撈者們撈出199塊銀錠和三萬多枚銀幣。

梅連欣喜若狂，打算對打撈工作投入更多的金錢和精力。然而就在這時，與西班牙敵對的荷蘭船隻在鄰近海域徘徊，為了避免不必要的衝突和麻煩，梅連只能撤離。之後，梅連重返沉船處，打撈起151塊銀錠、更多的銀幣、一支大錨、八門銅炮、一些銅皿和銀器。1628年，梅連又帶人打撈出37塊銀錠、大約三千枚銀幣，但大量的財寶仍然留在海底。

1629年梅連被委任為委內瑞拉的總督，得到卡拉卡斯上任。打撈「聖瑪格麗特」號的工作也就此中止了。

「聖瑪格麗特」號的打撈清單送到了西班牙，存放在安第斯檔案館。

隨著時間的推移，西班牙的實力不斷衰弱，失事的船隻和它們的巨額財寶，便只能埋葬在佛羅里達淺灘外的沙底被人們遺忘了。

直到1971年，一位老資格的打撈者梅爾因‧費西根據從西班牙檔案館搜集到的材料提供的線索，發現了「亞特查」號上的大錨和其他一些物品。檔案館的材料有些地方也模糊不清：一份材料上標明「聖瑪格麗特」號在「亞特查」號以西3海里處，而另一份材料卻把它標在「亞特查」號的東面1海里。「聖瑪格麗特」號——它在已知的佛羅里達財寶傳說中猶如一艘「幽靈船」，卻被謠傳躺在不同的地方，它到底在什麼位置，誰也說不清。

1979年，費西終於發現了有關「聖瑪格麗特」號的可靠線索，但是，迫於資金壓力，一直遲遲沒有動手。1980年1月，一個資金充足的競爭者已經在費西發現

「亞特查」號殘餘物的附近開始行動了。緊急情況迫使費西也下決心，計畫進一步打撈的步驟。於是，費西在西沙洲召開了一次會議，與另一位打撈者羅伯特·喬丹簽署了一份合約，由他在搜尋中幫助費西。

在這次打撈過程中，第一個發現點是發現「亞特查」號殘餘物以北的淺水中，在費西的打撈船隊中，「卡斯第連」號的潛水夫發現了三個大金塊。回到碼頭後，潛水夫興高采烈地打開香檳酒，並用其中一塊金塊做攪酒棒。每個人在猜測：這是一條什麼船，會不會就是「聖瑪格麗特」號？

「維格羅娜」號在費西的公司裡被稱為「財寶的發現者」。幾天後，費西的高個子、長著紅頭髮的兒子，駕駛這艘可敬的工作船來到一塊可能的地區。他戴上呼吸罩，躍入水中。當他潛入到水下一百公尺左右時，這個年輕的潛水夫驚奇地看到六塊銀錠整齊地排成兩行，間隔非常勻稱地靠在基岩上，在清澈的水中一切一覽無餘：他看見一條被壓艙石、銅錠和密集的裝飾物覆蓋著

的，大約23英尺長的木船的大部分。

當他帶著這個消息回到岸上的時候，所有人都躍躍欲試，在他們的繼續打撈下，潛水夫們發現了一塊金塊、二塊很大的銀錠和一只小的銀碗，還有搖沙器、炮臺、盤子等。收穫雖豐，但是，每個人都知道，只有這些物件的沉船絕不是「聖瑪格麗特」號。

皇天不負苦心人，終於，1980年5月2日，「卡斯第連」號的潛水夫們靠近「聖瑪格麗特」號沉沒中心的地點，找到十一塊大金塊，四塊小金塊，一個大金圓盤的一部分重50磅，五枚小埃幣斯庫多金幣，六塊小銀錠，二塊古巴銅錠和581枚銀幣。他們花了很大氣力才把一包重105磅的銀幣拉上船。這些銀幣還保持著原來放在箱子裡的形狀，但盛放它們的木頭箱子早已腐爛了。當他們把銀錠上的標誌與「聖瑪格麗特」號的艙單對照後，驚喜地發現：這艘船正是「聖瑪格麗特」號！

接下來的7月8日可以被稱為「金項鍊日」。當潛水夫潘他・卡林在一塊銀錠周圍用手摸索時，一條大金鍊

突然躍了出來，接著一條接一條，全附在一起纏成一個金團，一共有十五條之多。

其中最大的一條有149個裝飾連結。在「財寶的發現者」──「維格羅娜」號附近，不久又發現了六塊金塊和一個金盤。

1981年深秋，從「聖瑪格麗特」號打撈的全部財寶證實，它們是撒落在一條長四千英尺的航道上。單是金塊、金條、金盤就重達118磅，費西和他的水手們還發現了180英尺長的金鏈和56枚金幣。這是迄今為止從西班牙沉船中打撈的黃金數量最多的一次。

北歐海盜聯盟寶藏

　　14世紀下半葉，北歐的海盜活動非常猖獗。無數「獨立的」海盜船隊各行其是，他們幾乎全部來自北歐的港口。這些海盜力量強大，一支熟悉大海的野蠻的海盜隊足以令所有在北海來往的船隻聞風而逃。因此，為了在碰到海盜時求得寬恕，北歐的海岸線上，幾乎沒有一艘從事海上貿易的船會反抗他們。

　　在歷史上，有一些國家為了換取利益，便和海盜達成協議，幾乎承認海盜的行為是合法的。14世紀的瑞典為了抵禦丹麥的入侵，就和海盜做了這樣的交易。

　　當時，在丹麥女王瑪格麗特強烈的擴張欲望之下，無數挪威人和瑞典人死於非命。自1389年春天以來，丹

麥人從周邊農村開始，形成了一個圍繞著瑞典城市的嚴
密包圍圈，使被圍困的瑞典人只剩了海上一個通道。於
是，瑞典斯德哥爾摩的居民們只好求助於海盜以抵抗丹
麥人的入侵。

　　3年之後，為了支持瑞典的港口城市，梅克倫堡公爵
以瑞典國王的名義發佈了一個公告：「所有在海盜行為
中，因反抗丹麥王國和挪威王國而進行搶劫、偷盜和縱
火，但同時向斯德哥爾摩提供援助的人，可以在維斯馬
和羅斯托克領取特許證，這樣他們就可以全副武裝地自
由進出這兩個港口，同時也保證他們的戰利品萬無一
失。」

　　正是梅克倫堡公爵簽發的這個特許證，促使了北歐
海盜結成了一個特殊的聯盟。為了領取這個特許證，很
多北方的海盜船長突破封鎖線，給被圍困的、饑餓的斯
德哥爾摩居民提供了必需的食品，進而產生了海盜們所
謂的「糧食兄弟」聯盟。戰鬥結束後，憑藉這份「合法
的文件」，海盜們不但劫掠丹麥的船隻，並開始劫掠每

艘在海上從事貿易的船隻。

　　1392年他們還奪取了獨立的波羅的海島嶼高特蘭，這裡是很多航線的起點。「糧食兄弟」的參與者們，甚至開始把他們的組織向「國家」的形式發展。

　　其中，克勞斯‧施托爾特貝克爾就是屬於「糧食兄弟」同盟的最大膽的海盜之一。

　　他出生在德國的維斯馬，常年指揮著五十艘船隻在北海和波羅的海劫掠。對有些人來說他是一隻可怕的海狼，但在另一些人眼裡他卻是「海上的羅賓漢」，因為他劫掠富人，然後把劫奪的財富贈送給窮人，因此在海盜中有很高的威望。

　　1393年4月以來，這些海盜們的勢力越來越強大，以至於他們敢於冒險對挪威南部一座富裕的貿易城市貝根發起進攻，在洗劫並燒毀了這座城市後，他們也不放過任何船隻，很多船根本不敢到公海上來。在海上肆虐的過程中，他們不但聚積了數量眾多的西方國家珍貴物品，而且還攫取了巨大的金銀寶藏。

「糧食兄弟」的海盜船在北海變得越來越肆無忌憚，使得英格蘭國王理查二世和丹麥女王瑪格麗特，為了共同打擊海盜行徑而不得不聯合起來，共同對敵。

1401年夏天，當施托爾特貝克爾在北海以「之」字形逆風航行時，遭到英格蘭船隻伏擊。經過一場激烈的海戰，海盜們最終遭到慘敗。

在這場戰鬥中，包括克勞斯‧施托爾特貝克爾在內共有73名海盜被抓進監獄，40名海盜被打死。隨後，這位海盜船長被送回其祖國德國審判，在那裡被判處砍頭的極刑。

儘管海盜們被抓，海盜船被燒毀，可是，海盜們多年積存下的巨額財富卻下落不明，在處死海盜事件不久，一次偶然的事件，使得他們的財富漸漸也浮出水面。

原來，一個普通的漁民買了下來施托爾特貝克爾的海盜船「紅色魔鬼」號，這位幸運的老實人並不知道這就是大名鼎鼎又惡罪滔天的海盜船，他只是想把船的船板、船舷和桅杆當成木柴。

在鋸斷三根桅杆時，他發現了大量的金幣和銀幣。這只是「糧食兄弟」搶來的戰利品中的一小部件。但這個漁民並沒有留下寶藏，而是把裝滿財寶的桅杆埋到一個祕密的地方。

根據古老的傳說，施托爾特貝克爾那批巨大的寶藏至少分別隱藏在了五個地方：

首先是古老的哥特蘭港口城市維斯拜，因為這個地方曾經是「糧食兄弟」一度攻佔的目標。

這個城市設防十分牢固，有眾多的堡壘、強大的保護牆和28座碉堡。再次，它們可能隱藏在波羅的海的烏澤多姆。在那個小島上有一條從沙灘通往腹地的「施托爾特貝克爾山谷」山峽。

過去，這條山路曾經通往一處海盜的藏身地，有人分析也許那裡至今還埋藏著他們的戰利品。

有個地方，就是波羅的海小島上的費馬恩城堡，因為近年來，尋寶者在這座城堡裡發現了古老工事的殘垣斷壁，此地可能是最適宜藏寶的地點。

　　還有個地方叫呂根島，也可能埋有一部分寶藏，這個著名的滿是白色峭壁的白堊質海岸曾經是海盜的棲身之處，那裡有許多有裂縫的很深的山洞。在過去的搶掠活動中，海盜們也曾在此地落腳。所以，這裡一度被人們稱之為「海盜灣」。

　　另一個被人們認為可能的地點，是馬林哈弗的那座古老的聖母教堂，它位於東佛里斯蘭海岸雷伊布赫特東部。那時，大海從這裡一直延伸到離陸地很遠的地方。教堂建有六十多公尺高的鐘樓。在14世紀時，這裡也是海盜們最喜歡的棲身之處。海盜們也有可能把他們的海盜船固定在堅固的石環上，然後把搶來的東西放在高高的鐘樓裡。

　　最後，還有個地方值得提一下，就是離馬林哈弗不遠的一個農莊。因為，這個農莊主人的女兒就是克勞斯‧施托爾特貝克爾的妻子，而施托爾特貝克爾有時也住在那裡。這些海盜究竟把他們的金錨鏈和珍寶埋藏在哪呢？尋寶者們深信，它必然埋藏在上述六處中的某一

處地方。

　　進入21世紀後，受到寶藏吸引的探險家和尋寶者們先後找到了這幾個地點，卻未發現這筆寶藏。但他們相信，寶藏只是掩埋得太隱密，要找的地方又太多，因此尚未找到罷了。

　　如果能把這些地方徹底找遍，也許有一天，人們真的會找到海盜的寶藏。

i-smart

智學堂

智慧是學習的殿堂

★ 親愛的讀者您好，感謝您購買 <u>失落的歷史寶藏之謎</u> 這本書！

為了提供您更好的服務品質，請務必填寫回函資料後寄回，
我們將贈送您一本好書（隨機選贈）及生日當月購書優惠，
您的意見與建議是我們不斷進步的目標，智學堂文化再一次
感謝您的支持！
想知道更多更即時的訊息，請搜尋"永續圖書粉絲團"

您也可以使用以下傳真電話或是掃描圖檔寄回本公司電子信箱，謝謝！

傳真電話：　　　　　　　　電子信箱：
（02）8647-3660　　　　　yungjiuh@ms45.hinet.net

姓名：＿＿＿＿＿＿ ○先生 生日：＿＿＿＿＿ 電話：＿＿＿＿＿
　　　　　　　　 ○小姐

地址：＿＿＿＿＿＿＿＿＿＿＿＿＿＿＿＿＿＿＿＿＿＿＿＿

E-mail：＿＿＿＿＿＿＿＿＿＿＿＿＿＿＿＿＿＿＿＿＿＿

購買地點（店名）：＿＿＿＿＿＿＿＿＿＿ 購買金額：＿＿＿＿＿

職　　業：○學生　○大眾傳播　○自由業　○資訊業　○金融業　○服務業　○教職
　　　　　○軍警　○製造業　○公職　○其他＿＿＿＿＿＿＿＿＿＿

教育程度：○高中以下（含高中）　○大學、專科　○研究所以上

您對本書的意見：☆內容　　　　○符合期待　○普通　○尚改進　○不符合期待
　　　　　　　　☆排版　　　　○符合期待　○普通　○尚改進　○不符合期待
　　　　　　　　☆文字閱讀　　○符合期待　○普通　○尚改進　○不符合期待
　　　　　　　　☆封面設計　　○符合期待　○普通　○尚改進　○不符合期待
　　　　　　　　☆印刷品質　　○符合期待　○普通　○尚改進　○不符合期待

您的寶貴建議：

221-03　新北市汐止區大同路三段１９４號９樓之１

智學堂

智慧是學習的殿堂

編輯部　收

請沿此虛線對折免貼郵票，以膠帶黏貼後寄回，謝謝！

智慧是學習的殿堂

永續圖書 線上購物網

www.foreverbooks.com.tw

i-smart